KB201909

4차 산업혁명 시대 스스로 질문하기

초유의 혁명,
어디로 가야 하나

머 리 말

　미국이 지식정보사회에 진입한 지 63년. 이제, 세계는 지식정보혁명이
변곡점을 지나 초유의 혁명으로 가고 있다.

　초불확실성의 시대다. 초유의 시대다. 이전에는 들어 본 적도 없고 있
어 본 적도 없는 일들이, 우발적이고 단절적이며 다차원적으로 일어나
는 시대다. 이러한 시대는 검색에서는 답을 찾을 수가 없다. 스스로 질
문하는 능력이 중요한 시대다. 자신의 질문이 자신의 답을 찾아낸다.

　산업혁명의 물결을 인식하지 못하고 나라마저 빼앗겼던 구한말, 한반
도는 난세였다. '산업화는 늦었지만, 정보화는 앞서가자'고 밤낮을 달려
서 여기까지 왔다.
　이제 새로운 혁명이 다가오고 있다. 이것은 소리 없는 혁명이며, 보이
지 않는 혁명이다. 귀 기울여 들어야 하고, 마음의 눈을 뜨고 보아야
하는 혁명이다. 초유의 혁명, 어디로 가야 하나.
　어디로 가야 하는지 알려면 어디서 왔는지, 지금 어디에 서 있는지 정
확하게 알아야 한다. 어디서 왔는지를 아는 것이 역사라는 거울이다.
지금 어디에 서 있는지를 아는 것이 자기를 비추는 거울이다. 2개의 거
울을 바라보고 하나의 지도, 미래지도를 그려야 할 때다. 어디로 가야
할지 모를 때는 더 먼 곳을 바라보면, 가까이 있는 곳은 더욱 선명하게

보일 것이다.

이 책은 총 9장으로 구성되어 있다.

1장, 200년 만에 역사적 대분기점에 다가선 세계.

인류는 지난 18세기 후반에 농경사회를 산업사회로 변혁시킨 산업혁명을 겪은 바 있다. 영국에서 시작된 산업혁명의 물결을 슬기롭게 탄 나라들은 선진국으로 발전하여 세계를 지배하였다. 거세게 밀려온 이 변혁의 물결로 세계는 1820년, 지배국과 식민지로 갈라지는 역사적 대분기가 일어났다.

지식정보혁명이 변곡점을 지나 초유의 혁명으로 가고 있다. 200년 만에 세계는 다시, 패권국과 약소국으로 갈라지는 대분기점에 다가서고 있다. 우리는 어디로 가야 하나.

2장, '55년, '71년. '93년 그리고 미래.

미래는 과거에 있다. 역사를 거울이라고 한다. 역사를 통찰하여 미래를 준비하는 것이 지혜다. 미래학자가 연구하는 것은 미래에 대한 대중들의 마음속 이미지, 인식도다.

미국은 1955년에 지식정보사회에 진입했다. 일본은 1971년, 한국은 1993년에 지식정보사회에 진입하였다. 미국과 일본, 그리고 한국의 지식정보사회 진입 시기 분석은 저자의 책(정보혁명, 변곡점을 지나 그린 혁명으로(2012))에 자세히 실려있다.

미국이 지식정보사회에 진입한 지 63년. 이제, 지식정보혁명이 변곡점을 지나 초유의 혁명으로 가고 있다. 우리는 어디로 가야 하나.

3장, 갤브레이스가 본 불확실성.

현대는 초불확실성의 시대다. '불확실성의 시대'는 갤브레이스가 1973년에 쓴 책이다. 지난 몇 세기에 걸쳐 이룩한 정치적·사회적 제도가 갑자기 무너져 버렸고, 오랫동안 확실하다고 생각한 것들을 잃어버린 것은 제1차 세계대전을 통해서였다. 그 자리에서 불확실성의 시대가 시작되었다.

갤브레이스가 본 불확실성을 통하여, 초불확실성의 시대를 통찰해 본다.

4장, 초유의 시대.

초유의 시대다. 이전에는 들어 본 적도 없고 있어 본 적도 없는 일들이, 우발적·단절적·다차원적으로 일어나는 시대다.

지구상에 최초의 생물이 탄생하고, 37억 년이 지나는 동안 지구 생물의 99.9913%는 멸종했다. 살아남기 위해서는 변화하는 세상에 맞춰서 혁신해 나가지 않으면 안 된다.

시간과 더불어 복잡성은 증대한다. 시간의 불가역성은 열역학 제2의 법칙 때문이다. 미래를 예측할 수 없는 복잡한 세상, 초불확실성의 시대에 우리는 어디로 가야 하나.

5장, 혁명적 변화를 가져온 사회적 기술.

인류 사회의 발전과정을 살펴보면, 사회를 근본적으로 변혁시키는 혁신적인 기술군이 존재하였다. 이러한 혁신적인 기술군을 총칭하여 '사회적 기술'이라고 한다. 수렵기술, 농업기술, 공업기술, 정보기술로 구분되는 사회적 기술이 혁명적 역사발전의 추진력이 되었다.

초유의 혁명이 오고 있다. 초유의 혁명을 추진하는 사회적 기술은 무

6장, 자기의 길을 창시하라.

토머스 프리드먼이 말했듯이, 미래에 가장 중요한 직업은 전략가와 저널리스트다. 세상의 모든 전략은 전쟁터에서 태어났다.

하버드대학교에서는 역사상 최고의 전략가로 손자와 미야모토 무사시를 들고, 경영대학원에서 손자와 미야모토 무사시를 강의하고 있다. 미야모토 무사시는 <공, 지, 수, 화, 풍의 권> 5권을 쓴 일본 전국시대 불패의 검객이다. 생전 60여 회의 목숨을 건 진검승부에서 한 번도 패한 적이 없는 미야모토 무사시는 긴 칼과 짧은 칼을 동시에 사용하는 자신만의 검법인 '니텐이치류'를 창시하였다. 나는 이 니텐이치류를 '쌍칼 중도 검법'이라 부른다.

자기만의 쌍칼 중도검법을 창시하고, 자기의 길을 가야 한다.

7장, 단절·다차원적으로 찾아오는 새로운 미래.

미래는 우발적·단절적·다차원적으로 찾아온다. 2017년 11월 15일 오후 2시 30분까지 초유의 수능 연기가 있을 줄 아무도 몰랐다. 우발적이다.

19세기 말 뉴욕이 마차로 붐빌 때, 50년 후 뉴욕은 마차와 말먹일 풀로 뒤덮일 것으로 예측했지만, 실제 50년 후 뉴욕은 마차는 사라지고 자동차만 가득 찼다. 이것이 단절적으로 찾아오는 미래다.

미래를 정의하는 다섯 가지 키워드는 속도, 복잡성, 변화, 문화, 위험사회다. 미래는 복합적인 변화가 서로 융합하여 다차원적으로 찾아온다. 지금 눈앞에 보이는 모든 것들을 싹 지우고 새로운 장면을 상상해야 한다.

8장, 주역이 답하다.

모든 것은 변화한다. 정해진 것은 없다. 지금까지 전해오는 고전 중에서 '혁명'을 말한 가장 오래된 책은 주역이다. 주역은 혁명을 말하는 데는 때가 가장 중요하다고 하였다.

50세까지 가죽끈이 세 번이나 끊어질 정도로 주역을 읽었던 공자는 '기술은 하되, 창작은 아니다.'라고 선언하면서 주역에 10개의 날개를 달아 주었다. 공자는 주역이 주는 네 가지 선물을 이야기하였다.

1) 변화를 관찰하다 보면 능동적으로 행동할 수 있고
2) 괘사의 뜻을 음미하다 보면 말이 능숙해질 수 있다.
3) 상을 관찰하다 보면 곧 도구를 만들 수 있게 되고
4) 점치는 뜻을 깊이 음미하다 보면 점치는 것으로써 의혹을 풀게 되고 메아리가 응답함과 같이 미래의 일들을 알게 된다.

9장, 미래지도를 그리자.

세계 문명이 지중해 시대에서 대서양 시대를 거쳐, 인도양·태평양 시대가 열리고 있다. 인도양·태평양 시대를 나는 '대동양 시대'라 부른다.

큰 사업에는 큰 철학이 가장 중요하다. 대철학이 대사업을 일으키게 한다. 대동양 시대에는 대동양 철학이 가장 중요하다.

시각적인 그림을 통하여 미래를 보여주는 것이 미래지도다. 제임스 캔턴이 개발한 미래지도는 개인·기업·국가가 원하는 미래를 시각적으로 그려 볼 수 있고, 구성원 상호 간에 미래의 비전과 전략을 커뮤니케이션 할 수 있는 강력한 도구다.

'초유의 혁명'의 정체성을 명확하게 재설정하고, 목표를 분명하게 제시한 미래지도를 그려야 할 때이다.

세계 문명의 축이 대전환하는 시대다. 우리들과 우리들의 자손의 안전과 자유와 행복을 영원히 확보하기 위하여 혁신경제·혁신사회·혁신국가의 길로 가야 한다.

중국도 혁신국가의 길로, 2050년 '중화민족의 부흥'이라는 중국의 꿈을 완성하겠다고 발표하였다.

미래예측과 혁신경제·혁신사회·혁신국가 전략을 전담하는 컨트롤 타워를 설치하고, 혁신경제·혁신사회·혁신국가 전략을 강력하게 추진해 나가야 한다. 이 책에 저자가 평소 주장해온 '바람개비 국가 혁신론'을 실어 놓았다.

우리는 바람개비의 축이 되어, 바람개비의 네 날개(미국·일본·중국·러시아)를 힘차게 돌려야 할 것이다. 바람개비의 축보다 날개가 큰 것은 당연하다. 바람이 불지 않을 때는, 통합된 국민의 힘으로 축과 연결된 손잡이를 함께 잡고 앞으로 달려나가 바람개비의 네 날개를 힘차게 돌려야 할 것이다.

일을 성취하는 것은 우물을 파는 것과 같다. 우물을 아홉 길이나 깊이 팠더라도, 목적을 이루기 전에 그만두면 그 노력은 헛일이 되어 버린다. 한 길만 더 파면, 맑은 물이 솟구쳐 오를 것이다.

이 책에는 2017년 12월 20일 한국과학기술회관 국제회의장(서울 강남구)에서 개최된 2017 서비스 사이언스 그랜드 컨퍼런스(서비스사이언스학회, 서비스강국코리아, 한국고용정보원 공동 주최)에서 발표한 저자의 기조연설문을 요약하여 실었다. 기조연설이 끝나고, 힘차게 손뼉을 쳐주시고 다가와서 손을 잡고 해주신 말씀들이 고마웠다. 강연 요청과 기조연설

원고를 보내 달라는 요청도 있어 이 책에 실었다.

 2017 서비스사이언스 그랜드 컨퍼런스에서 기조연설을 할 기회를 주신 서비스사이언스학회 회장이시며, 국민대학교 교수이신 김현수 선생님께 머리 숙여 감사의 말씀을 드린다.

 책 끝에는 이탈리아의 아우렐리오 페체이 박사가 1984년 발표한 <인간과 자연>을 요약하여 실었다. 21세기를 살아가는 인류에게 남긴 그의 글은 30여 년이 지난 지금도 너무나 또렷하게 변함없는 길잡이가 될 것이다.

끝나고서 다시 시작하는 것이
해와 달의 운행이요.
죽고서 다시 시작하는 것이
사계절의 순환이다.
그러므로 죽고 삶이 없이
변화는 무궁무진한 것이다.

큰절 올리며
손 민 익

CONTENTS

더 늦기 전에

서비스 혁명,
어디로 가야 하나

초유의 시대
서비스 혁명, 어디로 가야 하나

1

4차 산업혁명 시대입니다. 스스로 질문하는 능력이 중요한 시대입니다. 좋은 질문이 좋은 답을 찾아냅니다. 초유의 시대입니다. 이전에는 들어 본 적도 없고 있어 본 적도 없는 일들이 우발적이고 단절적이며 다차원으로 일어나는 시대입니다. 이러한 시대는 검색에서는 답을 찾을 수가 없습니다. 스스로 질문해야 합니다. 자신의 질문이 자신의 답을 찾아냅니다.

먼저 초유의 시대에 서비스 혁명, 어디로 가야 하는지에 대하여 말씀 드리겠습니다. 어디로 가야 하는지 알려면 어디서 왔는지, 지금 어디에 서 있는지 정확하게 알아야 합니다. 어디서 왔는지를 아는 것이 역사라는 거울입니다. 지금 어디에 서 있는지를 아는 것이 자기를 비추는 거울입니다. 2개의 거울을 바라보고 하나의 지도, 미래지도를 그려야 할 때입니다. 어디로 가야 할지 모를 때는 더 먼 곳을 바라보면 가까이 있는 곳은 더욱 선명하게 보일 것입니다.

중국은 19차 공산당 당 대회에서 2050년까지 사회주의 현대화 강국을 건설해서 중국 중심의 세계질서 체제, 팍스 차이나로 가는 중국의 꿈을 실현하겠다고 발표했습니다.

불망초심 방덕시중(不忘初心 方得始終, 초심을 잃지 않고 시종일관하다.)으로 연설을 시작한 시진핑은 분발유위(奮發有爲, 떨쳐 일어나 할 일을 한다.) 하겠다고 말했습니다. 1단계로 2035년까지 샤오캉 사회를 기반으로 사회주의 현대화를 실현하고, 2단계로 2050년까지 사회주의 현대화 강국을 건설하여, 미국·러시아와 어깨를 겨루는 최첨단 일류군대를 만들고, '중화민족의 위대한 부흥'을 위해 중국의 꿈을 이루겠다고 밝혔습니다.

시진핑이 가장 강조한 단어는 신시대(新時代)였습니다. 과거 중국이 걸어오지 않은 새로운 길을 열어 가겠다는 결연한 의지가 담겨 있는 단어가 '신시대'입니다.

1970년대 이후 중국의 경제성장에 가장 큰 영향력을 행사한 인물은 덩샤오핑입니다. 검은 고양이든 흰 고양이든 쥐만 잘 잡으면 된다고 하였던 덩샤오핑은, 자신이 바로 고양이였습니다. 1820년 이후, 150년간 중국을 내리막길로 끌어갔던 몇 가지 괴물을 잘 잡은 고양이였습니다.

1992년 덩샤오핑은 도광양회(우리 힘을 아껴 보존한다)로 대표되는 24자 외교방침(냉정관찰, 참은각근, 침착응부, 도광양회, 선어수졸, 절부당두)을 발표하고, "단호하게 (미국에) 대치하고, 재주껏 (미국을) 이용하라"고 말했습니다. 덩샤오핑은 "24자 외교방침은 100년을 갈 것"이라고 말했지만, 신흥강국으로 부상한 중국은, 분발유위를 외치며 남중국해에서 미·

일과 강력하게 충돌하고 있습니다. 굴기한 중국이 변하고 있습니다.

2500년 전 펠로폰네소스 전쟁은, 신흥세력으로 부상한 아테네와 기존 패권세력이었던 스파르타 간의 갈등으로 일어난 것입니다. 전쟁은 초불확실성 속에서 싹이 터 나갑니다.

1997년 홍콩에 중국 군대가 진주하였습니다. 중국과 미국은 가까운 미래에 타이완 문제 등과 관련하여 첨예하게 대립하고 폭발할 것입니다. 이때 중국은 더욱 강경하게 미국과 대치할 것이고, 이러한 국제정세를 통해서 중국의 새로운 지도부가 극적으로 등장할 것입니다.

중국이 한반도 비핵화라고 하는 말은 한반도의 비미국화를 의미하기도 합니다. 미국은 한국의 유일한 동맹국이며, 중국은 한국 수출의 ¼을 차지하는 시장입니다. '중국의 꿈을 실현하겠다'는 신흥강국 중국과 '미국을 다시 위대하게'를 외치는 트럼프가 맞설 때, 한국은 어디로 가야 할까요?

우리는 ① 전 국민적 합의를 거친 핵심적 국가 목표를 명백하게 설정하고 ② 주변 4대 강국(미·중·일·러)과 북한의 계획을 실시간으로 정확하게 파악하면서 ③ 국가 핵심전략(2050년까지)을 구체적으로 준비해 나가야 합니다.

2024년 인도 인구는 14억 5천만 명으로 중국 14억 3천만 명을 넘어서 인구 1위 국가가 될 것입니다. 인도네시아 인구 2억 8천만 명과 인도·중국의 인구를 합하면, 31억 6천만 명이 됩니다.

인도 모디 총리는 2017년 2조 5천억 달러의 경제 규모를, 2025년까지 5조 달러 규모로 키우겠다고 발표했습니다. 2015년 7.5% 성장한 인도 경제는 최근 4년간 연속적으로 7% 이상의 경제 성장률을 나타냈습니다. 2018년 인도 경제 규모는 세계 5위로, 6위 프랑스, 7위 영국을 넘어설 것입니다. 언어만 1600여 개에 달하는 다인종·다문화 국가인 인도는, 유권자가 8억 명이 넘는 세계 최대 민주국가이기도 합니다.

2018년 다보스 포럼이 내건 주제는 '분열된 세계에서 공유 가능한 미래 만들기'입니다. 인도의 모든 화폐엔 간디의 얼굴이 그려져 있습니다. 비폭력 평화적 정신으로, 오랜 문화·철학적 토대를 가진 인도는 분열해 가고 있는 미래 세계를 통합할 토대를 제공할 것입니다. 2040년에는 인도가 중국을 넘어서 인도, 중국, 미국이 G3가 될 것입니다.

2020년에서 2040년 사이에 중국 경제는 미국을 넘어서게 됩니다. 이 시기가 팍스 차이나와 팍스 아메리카나가 첨예하게 부딪치는 때입니다. 이 시기에 부상한 중국과 미국 간의 갈등으로 발생할 전쟁 가능성에 대하여 잘 분석하고 균형 있게 대처해 나가야 할 것입니다. 이 또한 초유의 시대이며, 초불확실성의 시대임을 잘 말해주고 있습니다.

세계 문명이 그리스·로마의 지중해 시대에서 영국·스페인의 대서양 시대를 거쳐, 이제 인도양·태평양 시대가 열리고 있습니다. 이 인도양·태평양 시대를 저는 대동양 시대라고 부릅니다.

미래를 알기 위해서는 과거를 보아야 합니다. 18세기 후반 영국에서 시작한 산업혁명으로 세계는 1820년 지배국과 식민지로 갈라지는 세계사의 대분기가 일어났습니다. 1820년 중국 청나라 건륭황제 때, 중국은 세계 최고 국가였습니다. 이때, 전 세계 GDP의 32.9%를 차지했습니다. 이때부터 150년간 내리막길을 걷다가 1970년대 덩샤오핑의 개혁개방과 실용주의로 변곡점을 지나서 2011년 일본을 제치고 세계 2위의 경제 대국으로 굴기했습니다.

세계 역사에 로마제국은 200년마다 큰 변혁을 겪었습니다. 중국의 왕조도 200년마다 왕조가 바뀌어 왔고, 평균 수명이 200년이었습니다.

20세기 중반 미국에서 시작된 정보혁명으로, 서비스혁명은 변곡점을 맞이했습니다. 정보혁명은 양자의 중첩현상처럼 서비스혁명과 연관되어 있습니다. 인공지능이 인공지능을 만들어 내는 인공지능혁명. 4차 산업혁명과 기후변화 티핑포인터로 인한 그린혁명. 화석연료 시대가 가고 자원 부족 시대에 200년 전 10억이었던 인구는 2100년 지구상에 112억의 인구가 살아가야 합니다. 외부자원은 한정되어 있지만, 인간의 내적 자원은 무한하므로 인간의 안·이·비·설·신·의의 여섯 가지 지각기관과 분별식인 제7 말라식, 훈습된 종자식인 제8 아뢰야식, 이러한 인간의 내적 자원을 끌어내는 인간혁명. 유한한 자원인 시간이 최고의 가치가 되는 시간혁명. 유전자 편집기술, 이러한 변화들이 상호 연결되고, 융합되어 초유의 혁명이 다가오고 있습니다. 이러한 초유의 혁명으로 서비스혁명은 커다란 변곡점을 맞이하고 있습니다. 혁명이란 급격한 변화가 일어나는 일입니다.

하나의 예를 들면, 무인 자율 자동차, 무인 자율 선박, 무인 자율 비행기가 운항을 시작하게 되면 운전석이 없는 자동차로 자동차 설계가 바뀌게 될 것입니다. 선박과 비행기도 마찬가지입니다. 운전사·항해사·비행사에 대한 교육서비스도 사라지게 될 것입니다. 사라진 서비스. 이것이 인공지능혁명, 4차 산업혁명입니다.
산업혁명의 물결을 인식하지 못하고 나라마저 빼앗겼던 구한말, 한반도는 난세였습니다. '산업화는 늦었지만, 정보화는 앞서가자'고 밤낮을 달려 여기까지 왔습니다.
이제, 새로운 혁명이 다가오고 있습니다. 이것은 소리 없는 혁명이며, 보이지 않는 혁명입니다. 귀 기울여 들어야 하고, 마음의 눈을 뜨고 보아야 하는 혁명입니다.

 어디로 가야 하는지를 알기 위해서는 어디에 서 있는지 정확하게 알아야 합니다. 북극점에 서 있다면 앞으로 가든지, 뒤로 가든지, 옆으로 가든지 모든 쪽이 남쪽입니다. 남산을 바라보고 뒤쪽은 북쪽, 왼쪽은 동쪽, 오른쪽은 서쪽이라는 말은 서울에서만 맞는 말입니다. 우리는 어디에 서 있나요?
 21세기 인류는 인공지능이 인간의 능력을 넘어서는 싱귤래러티, 특이점을 지나게 되고, 기후변화로 인한 티핑포인터에 다가서게 됩니다. 21세기 인류는 ① 인간과 자연의 화해 ② 종교와 종교 간의 화해 ③ 지식과 삶의 화해라는 세 가지 과제를 해결해 나가야 합니다.

 국내 어느 대기업 회장님께 물었습니다.
"회장님, 세계적으로 큰 사업을 하시는데, 이러한 큰 사업을 하시는데 가장 중요한 것이 무엇입니까?"
"큰 사업에는 큰 철학이 가장 중요합니다. 대철학이 대사업을 일으키게 합니다"라고 그 회장님이 대답했습니다.

 대동양 시대에는 대동양 철학이 가장 중요합니다. 동양 철학으로 노자의 도덕경과 붓다의 깨달음(중도), 그리고 주역을 들 수 있습니다. 그러면 주역이 무엇인지 맛만 보겠습니다.
 축구장만 한 쌀 창고에 쌀이 가득 차 있습니다. 배고프면 밥 한 그릇만 먹으면 배가 부릅니다. 밥맛이 무엇인지 알기 위해서는 밥 한 숟가락만 먹으면 밥맛을 알 수 있습니다. 쌀 창고 쌀 전부를 먹어야 밥맛을 아는 것은 아닙니다.

주역을 한 글자로 말하면 역(易)입니다. 이 역은 바꿀 역입니다. 세상은 쉽고 간단하게 변해간다는 뜻입니다. 모든 것은 변화합니다. 삶과 죽음은 만인에게 부여된 피하지 못할 숙명입니다. 세상은 흥망과 성쇠가 교차해 나갑니다. 세상의 변화는 기하급수적입니다.

 주역은 세상의 변화를 태극에서 음양이 나오고 이어서 사상이 되고 8괘에 이른다고 합니다. 한 번에 두 배씩 여섯 번을 계속하면 64개를 얻는다고 합니다. 주역은 세상이 기하급수적으로 변한다고 봅니다. 우리 몸의 유전자 암호는 A(아데닌), T(티민), G(구아닌), C(시토신) 4가지 염기들의 배열에 따라서 여러 가지 정보가 나오는데 유전자 암호는 64가지로 이루어져 있습니다. 염기 4개가 3개씩 짝을 지어 4의 3제곱인 64가지가 됩니다. 4×4×4 = 64가지입니다. 세상사는 하늘과 땅과 사람, 천·지·인 세 가지 재료로 이루어진다는 주역은 3차원적 인문학이면서 바이오 사이언스와도 서로 통하고 있습니다.

 그러나 기하급수적으로 변하는 세상에도 변하지 않는 이치가 존재하고 있습니다. 한낮이 지나면 밤이 오고, 봄이 지나면 여름이 오고 가을이 옵니다. 태풍이 남쪽에서 북쪽으로 불고, 물이 높은 곳에서 낮은 곳으로 흐르고, 지구 에너지의 흐름으로 지진이 생깁니다. 태어난 것은 언젠가는 사라지는 우주 법칙은 변함없이 존재합니다.
 만물이 극에 달하면 통합니다. 양이 극에 달하면 음이 생겨나고, 음이 극에 달하면 양이 생겨납니다. 양 속에 음이 있고, 음 속에 양이 있습니다.

 주역으로 점을 치는 이치는 내가 이 세상 어디에 있는지 좌표를 설정하는 것입니다. 내가 지구상에서 어디에 있는지 알려주는 이 좌표는 내가 이 우주에서 어디에 있는지 알려주는 좌표이기도 합니다. 주역을 읽는 이유는 대전환의 시대에 어디로 가야 하는지 알기 위한 것입니다.

역은 변화의 이치를 아는 것입니다. 주역의 변치 않는 이치를 나침반으로 삼고, 주역 상경 30괘의 천지자연의 이치와 주역 하경 34괘의 사람이 세상을 살아가는 이치, 이 주역 64괘를 지도로 삼아 자신이 처해 있는 상황과 현상이 어떻게 변해 가는지를 해석해서 어디로 가야 하는지 그 길을 찾는 것이 주역입니다.

자연은 쉽고 간단하게 변해갑니다. 천지가 있고 난 후에 만물이 있고, 만물이 있고 난 후에 사람이 있게 되었습니다.

가지에 가지를 쳐왔던 서양문명은 이제 그 가지의 끝에 다다랐습니다. 각 문제가 미세하게 갈라지면서 새롭게 만들어지고 있는 가지들은 끝없이 새로운 미로를 만들어가고 있습니다. 미로 속의 가지들은 서로가 뒤얽혀서 서로 영향을 주고 있습니다. 이러한 거대한 '복합적 세계 문제'는 거대한 하나의 연속체로 서로 연결되어 있음을 이해하고 만물의 세계성이라는 동태적 실상을 고려해야 답을 찾을 수 있습니다. 서양 문명은 인류의 시대적 과제를 해결할 철학적 토대를 주역에서 찾기 시작했습니다.

중력의 공간이라는 한계 속에서 유한하고 일시적인 시간을 살아가야 하는 인간은 외로움이 파도처럼 밀려오는 한밤에 불멸의 길과 절대적이고 무한한 행복을 찾고자 뜬눈으로 밤을 새워 고뇌하는 존재이기도 합니다. 초불확실성의 시대에 서로 뒤얽혀 있는 '복합적 세계 문제'의 해결은 인간과 자연의 교감이라는 우주적 관점에서 관찰해야 답을 찾을 수 있습니다. 그리고 그 답은 주역에서 찾을 수 있을 것입니다.

대전환의 시대입니다. '역은 궁하면 변하고, 변하면 통하고, 통하면 오래 지속한다‘고 말하고 있습니다.

 지금까지 전해오는 고전 중에서 혁명을 말한 가장 오래된 책은 주역입니다. 주역은 혁명에는 때가 가장 중요하다고 하였습니다. 때가 되어야 이루어지는 것입니다. 혁명의 때라고 하더라도 그때가 무르익고 사람들의 믿음을 얻어야 혁명이 이루어집니다. 질긴 황소의 가죽처럼 마음속에 혁명의 뜻을 공고히 지키면서 때를 기다려야 합니다. 자신의 힘만을 믿고 성급하게 나서면 실패하게 되어 흉할 수밖에 없습니다.

 주역은 고친다는 말을 세 번 들어야 개혁에 대한 사람들의 여론이 충분히 형성되어 믿음이 생기고 혁명이 이루어진다고 말합니다. 드디어 혁명의 때가 오면 혁명 지도자는 때를 기다리던 태도에서 호랑이처럼 변하여 스스로 믿음을 가지고 사람들의 신뢰를 얻어 용감하게 혁명의 길로 나아가야 합니다. 자, 갑시다! 서비스혁명도 마찬가지입니다.

 곤궁하고 목마른 자는 구덩이를 파서 우물을 만듭니다. 우물이 오래되어 물이 마르면 우물을 치고 고쳐야 합니다. 주역 48괘가 수풍정(水風井). 우물 정(井)이며, 48 괘 다음 49 괘가 택화혁(澤火革). 고칠 혁(革)이 놓인 이유입니다. 오래된 우물은 반드시 고쳐야 한다. 이 뜻입니다.
 천하를 주유하며 곤궁한 속에서도 50세까지 가죽끈이 세 번이나 끊어질 정도로 주역을 읽었던 공자는 주역에 10개의 날개를 달아 주었습니다. 공자는 주역이 주는 네 가지 선물을 이야기했습니다.
 1) 변화를 관찰하다 보면 능동적으로 행동할 수 있고
 2) 괘사의 뜻을 음미하다 보면 말이 능숙해질 수 있다.
 3) 상을 관찰하다 보면 곧 도구를 만들 수 있게 되고
 4) 점치는 뜻을 깊이 음미하다 보면 점치는 것으로써 의혹을 풀게 되

고 메아리가 응답함과 같이 미래의 일들을 알게 된다.

공자가 '기술은 하되, 창작은 아니다'라고 선언하면서 주역에 10개의 날개를 달아줌으로써 마침내 주역은 완성되었습니다. 그 후에 주역을 해석하는 책이 많이 나왔습니다. 그중에서도 명나라 말기 당시 4대 고승 중 한 사람으로 일컬어지는 지욱 선사가 <주역 선해>를 저술 하였습니다. 명나라가 망하고 청나라가 들어서는 혼란하고 변화무상한 난세에 주역과 유교와 불교가 융합하는 시각에서 쓴 책이 <주역 선해> 입니다. <주역 선해> 머리말에 나오는 글은 급격한 변화와 초불확실성의 시대, 초유의 시대를 살아가는 우리에게 들려주는 이야기로 생각해도 될 것입니다.

세상사는 꿈만 같아 다만 천차만별하게 변하고 있으니, 교역의 시대인가? 변역의 시대인가? 천차만별한 세상사를 다 겪어 오면서 시대와 땅이 함께 변했는데, 변하지 않는 것은 의연하게 예전과 같구나!
나는 까닭에 "해와 달이 하늘에 머물러 있지만 운행하지 않은 듯하고, 강물과 시냇물이 서로 빠르게 흘러가면서도 흐르지 않는 듯하다"는 옛 현인의 말씀이 나를 속이지 않음을 알 수 있었다.
그 변하지 않는 이치를 알아서 그 지극한 변화에 대응하고, 그 지극한 변화를 관찰해서 그 변함없는 이치를 체험하는 것은 항상(恒常, 늘)과 무상(無常, 덧없음)이라는 두 마리 새가 함께 노니는 것이 아니겠는가?

내가 어찌 문왕이 유리옥에 갇혔던 일과, 주공이 유언비어로 모함을 받았던 일, 그리고 공자가 천하를 주유하던 중에도 50세까지 가죽끈이 세 번이나 끊어질 만큼 주역을 읽으셨던 일. 그 세 분의 뜻을 알 수 있겠느냐마는 주역을 완성하신 세 분 모두 나와 같은 이러한 뜻이었을 것이다. 나는 부끄럽게도 세 분 성인과 같은 덕의 배움은 없지만, 백성들이 스스로 역의 이치를 체득하여, 굳이 길함을 찾고 흉함을 피하고자 요행과 술수에 빠지지 않기를 바라는 마음이 세 성인의 뜻일 것으로 생각하여 <주역 선해>를 저술하였다.

2

어디에 서 있는지 정확하게 아는 것이 승리의 길입니다. 급격한 변화와 불확실성의 시대에 두려움은 적을 과대평가하여 지나치게 몸을 움츠릴 수 있고, 분노나 초조함은 선택의 폭을 좁히는 경솔한 행동을 하게됩니다. 특히, 승리의 결과로 생긴 자만은 지나친 행동으로 이어져 패배의 원인이 된다는 것이 역사상 모든 전쟁에서 드러난 교훈입니다. 그래서 모든 상황을 있는 그대로 보는 평상심이 바로 승리의 길입니다.

'55년, '71년, '93년 그리고 미래

변곡점을 지나는 서비스혁명의 현 좌표는 어디인가요?
1981년 OECD 연구로 보편화한 분석법인 고용 구조적 접근법은 정보부문의 고용자 수가 공업부문의 고용자 수를 넘어서는 시기를 지식정보사회 진입 시기로 봅니다.

- 미국은 1955년 진입했습니다. 하버드대 교수 다니엘 벨은 미국은 정보부문의 고용자 수와 공업부문의 고용자 수가 1955년 각각 37%에서 같아짐으로 분석했습니다.
- 일본은 1971년 진입했습니다. 일본 전기통신총합연구소는 일본은 정보부문의 고용자 수와 공업부문의 고용자 수가 1971년 각각 32%에서 같아짐으로 분석했습니다.
- 한국은 1993년 진입했습니다. 우리나라는 1984년 공업부문의 종사자 수가 27.3%, 정보부문의 종사자 수가 20.9%로써 아직 지식정보사회 문턱을 넘지 못하였으나, 1980년대 후반 강력한 정보화 정책 추진 결과, 정보부문의 고용자 수와 공업부문의 고용자 수 각각 30%에서 같아지는 1993년 지식정보사회에 진입했습니다. 이러한 분석결과는 2012년 출판된 저자의 책 <정보혁명, 변곡점을 지나 그린혁명으로>에 자세히 실려 있습니다.

미래를 만들어갈 전략에 대하여 스스로 질문해야 할 때입니다. 역사는 과거와 현재의 끊임없는 대화입니다. 2개의 거울에 비친 현재의 좌표를 재설정하고, 과거와 현재의 끊임없는 대화가 필요합니다.

미래학의 초점은 미래의 이미지, 미래상입니다. 연구할만한 미래는 현재에 존재하지 않습니다. 실제로 현재에 존재하는 것은 미래에 대한 대중들의 마음속의 이미지, 인식도입니다.

4차 산업혁명 시대, 디지털과 지능화·자동화 기술혁명의 융합 속에서 서비스혁명에 대한 새로운 인식이 필요한 때입니다. 하버드대 교수 다니엘 벨은 4차 산업혁명 시대를 후기 산업사회라고 규정하고, 후기 산업사회의 서비스업을 4가지 집단으로 분류했습니다.

· 제1 집단 : 청소부, 세탁소, 미용실 같은 개인적 서비스
· 제2 집단 : 금융, 보험, 부동산 같은 기업적 서비스
· 제3 집단 : 운수, 통신, 설비업
· 제4 집단 : 의료, 교육 등 인간적 서비스와 연구, 정부 등 전문적 서
　　　　　　비스로 분류하고, 제4 집단을 후기 산업사회의 대표적 산업
　　　　　　으로 보았습니다.

초유의 시대, 자기만의 쌍칼 중도검법을 창시하라

지금은 초유의 시대입니다. 초불확실성의 시대입니다. 초불확실성의
시대만큼 이 시대를 잘 표현하는 말은 없습니다. 초연결의 시대입니다.
초고령화, 초저출산 시대입니다. 초고령화 사회 진입에 프랑스는 154
년, 한국은 26년 걸립니다. 2017년 출산율은 1.03명입니다. 현생 인류
가 전체 역사에서 살다간 인간 모두의 평균 수명은 18세였습니다. 타임
은 오늘 태어나는 아이는 142세까지 살 것이라고 보도했습니다.

초격차 시대입니다. 산업혁명으로 1820년 세계는 지배국과 식민지로
갈라졌습니다. 4차 산업혁명으로 200년 만에 세계는 다시, 패권국과 약
소국으로 갈라지는 대분기점에 다가서고 있습니다. 초기후변화 시대입
니다. 유엔 산하 기후변화에 관한 정부 간 협의체는 21세기 말까지 지
구 온도 6.4도 상승, 해수면 59㎝ 상승을 예측했습니다. 세계 195개국
이 2015년 12월 21일 파리에서 모든 국가가 이행하여야 할 강제력이

있는 '기후변화 협정'을 체결하였습니다. 이 협정은 나고야의정서가 만료되는 2020년부터 적용될 것입니다.

1968년 이탈리아의 아우렐리오 페체이의 주도로 결성된 로마클럽은 1972년 인구, 식량자원, 천연자원, 산업발전, 오염이라는 다섯 가지 요소를 기반으로 지구의 미래를 예측한 보고서인 <성장의 한계>를 발표하였습니다.

그레이엄 터너는 2008년, 1970년부터 2000년까지 30년간의 데이터를 기반으로 이 보고서를 검증한 결과, 로마클럽의 시뮬레이션 예측모델이 맞았음을 인정하였습니다. 터너는 인류의 무자비한 소비가 자원고갈과 오염증가로 이어져 21세기가 끝나기 전에 세계는 파멸하고 붕괴한다는 시나리오가 가장 현실과 닮은 것으로 분석했습니다.

<렉서스와 올리브 나무>를 쓴 토머스 프리드먼은 미래에 가장 중요한 직업은 전략가와 저널리스트라고 하였습니다. 전략이라는 단어 'strategy'는 그리스어 'Strategos'에서 유래했습니다. 삶은 끊임없는 전쟁과 충돌의 연속입니다. 세상의 모든 전략은 전쟁터에서 태어났습니다. 하버드 대학교에서는 역사상 최고의 전략가로 손자와 미야모토 무사시를 들고 경영대학원에서 손자와 미야모토 무사시를 강의하고 있습니다.

손자는 중국 춘추시대 말기 제나라 사람입니다. '적을 알고 나를 알면 백번 싸워도 위태롭지 아니하다. 적을 알지 못하고 나를 알면 한 번 이기고 한 번 진다. 적을 알지 못하면서 또한 나도 알지 못하면 반드시 매번 위태롭다.' '싸우지 않고 이기는 것이 최선의 전략이다.'라고 말하는 손자병법은 1편 시계에서 13편 용간까지 13편으로 이루어져 있습니다.

미야모토 무사시는 <공·지·수·화·풍의 권> 5권을 쓴 일본 전국시대 불패의 검객입니다. 생전 60여 회의 목숨을 건 진검승부에서 한 번도 패한 적이 없는 미야모토 무사시는 긴 칼과 짧은 칼을 동시에 사용하는 자신만의 검법인 '니텐이치류'를 창시했습니다. 저는 이 니텐이치류를 '쌍칼 중도검법'이라 부릅니다. 긴 칼과 짧은 칼을 동시에 쓰기도 하고, 동시에 쓰지 않기도 하며, 목검을 쓰기도 하고, 상황에 따라 무기의 종류에 연연하지 않기 때문에 중도검법이기도 합니다. 자기만의 쌍칼 중도 검법을 창시하고, 자기만의 길을 가야 할 때입니다.

서비스 혁명, 정체성의 재설정

모든 것은 변화합니다. 정해진 것은 없습니다.
- 도가도 비상도(道可道 非常道), 명가명 비상명(名可名 非常名)
도를 도라 할 수 있지만, 늘 그 도는 아니다.
이름을 이름이라 할 수 있지만, 늘 그 이름은 아니다.
도덕경 제1장에 나오는 말입니다. → 서비스를 서비스라 할 수 있지만, 늘 그 서비스는 아니다.

내가 그를 꽃이라 불렀을 때 그는 꽃이 되었다. → 내가 그를 서비스라 불렀을 때 그는 서비스가 되었다. 4차 산업혁명 시대의 서비스, 그를 무엇이라 불러야 할 것인가? 그를 서비스라 불러야 할지 말아야 할지 이것이 문제로다. 이것이 햄릿의 고민입니다.

자로가 공자에게 물었습니다. "선생님, 강함이란 무엇입니까?" 이 시간으로 말하면 "서비스란 무엇입니까?"하고 물은 것입니다. 공자가 자로에게 말했습니다. "자로야, 너의 질문이 잘못되었다. 남방의 강함을 묻는 것이냐?, 북방의 강함을 묻는 것이냐? 너의 강함을 묻는 것이냐?" 이 말은 "남방의 서비스를 묻는 것이냐?, 북방의 서비스를 묻는 것이냐? 너의 서비스를 묻는 것이냐?"로 바꾸어서 들어도 되는 말입니다.

돋보기로 불을 붙이려면, 돋보기의 초점을 한 점에 정확하게 맞추어야 불이 붙을 것입니다. 초점을 정하고 변해야 합니다. 변하는데도 기술이 필요합니다. 변화의 흐름은 일반적으로 8단계의 변화 과정을 거칩니다.

① 위기감을 고조시킨다. 이 단계에서 사람들이 "자, 가자! 변해야 한다."라고 말하기 시작합니다.

② 변화 선도팀을 구성한다. 이 단계에서 변화를 주도하기에 충분한 힘을 가진 사람들로 팀을 구성합니다.

③ 비전을 새로이 정립한다. 이 단계에서 변화에 필요한 올바른 비전과 전략을 정립합니다.

④ 의사소통 한다. 이 단계에서 사람들이 변화에 동참하기 시작하며, 이제 행동으로 나타납니다.

⑤ 행동을 위한 권한을 부여한다. 이 단계에서 비전을 달성하기 위해서 많은 사람이 실제로 행동합니다.

⑥ 단기간에 성공을 끌어낸다. 이 단계에서 변화에 저항하는 사람들이 줄어들고 추진력이 형성됩니다.

⑦ 속도를 늦추지 않는다. 이 단계에서 지속적인 변화의 물결을 만듭니다.

⑧ 조직에 변화를 정착시킨다. 이 단계에서 전통의 방해와 변화 리더

의 교체 같은 일이 생기더라도 새롭게 형성된 행동이 계속됩니다.

나비가 알을 낳으면, 알에서 유충이 나옵니다. 한 마리 애벌레는 3일 후 고치 속에 들어앉아 재탄생을 기다리고, 7일 후 나비가 되어 하늘로 날아오릅니다. 애벌레는 고치의 과정을 거쳐야 나비로 재탄생합니다. 이것이 삶의 순환입니다. 고치는 내면과의 대화, 오직 몰두하는 수행, 자신의 질문을 뜻합니다. 서비스 혁명, 고치의 두려움을 겪어야 나비로 재탄생이 가능합니다.

18세기 후반, 영국에서 시작한 산업혁명은, 20세기 중반 미국에서 시작된 지식정보혁명으로 진화하였습니다. 온라인 유통 공룡 아마존의 제프베네스는 재산 110조 원으로 세계 제1위의 부자로 부상하였습니다. 모바일이 전체 온라인 경제의 60%에 다가서고 있습니다. 4차 산업혁명을 주도하는 국가가 21세기 패권국으로 부상하는 세계사적 대분기점이 다가오고 있습니다.

동전은 앞뒤 양면이 있습니다. 하루는 밤낮이 있고, 밤이 길면 낮이 짧아집니다. 서비스 산업도 전체 산업 속에서 그 비중이 결정될 것입니다. 서비스 혁명, 어디로 가야 하나요?

미래지도를 그리자

미래는 우발적이고 단절적이며 다차원적으로 찾아옵니다. 2017년 11월 15일 오후 2시 30분 포항지진으로 초유의 수능 연기가 있었습니다.

우발적입니다. 19세기 말 뉴욕이 마차로 붐빌 때 전문가들은 50년 후 뉴욕은 마차와 산더미같이 쌓여있는 말먹일 풀, 말똥으로 뒤덮일 것으로 예측했지만, 실제 50년 후 뉴욕은 자동차로 가득 찼습니다. 이것이 단절적으로 찾아오는 미래입니다.

지금 눈앞에 보이는 모든 것들을 싹 지우고 새로운 장면을 상상해야 합니다. 미래는 그렇게 찾아옵니다.

새로운 미래를 정의하는 5가지 키워드는 속도, 복잡성, 변화, 문화, 위험사회입니다.

아프리카 초원에 사는 사자는 밤마다 기도합니다. 다음 날 아침, 가장 걸음이 느린 가젤보다 빨리 달려서 굶어 죽지 않기를, 가젤은 밤마다 기도합니다. 다음 날 아침, 걸음이 가장 바른 사자보다 빨리 달려서 잡아 먹히지 않기를. 사자나, 가젤이나 아침이 되면 무조건 달려야 합니다. 이것이 속도입니다. 복잡성, 변화, 문화, 위험사회도 마찬가지입니다. 어디로 가야 하는지 목적지를 모른다면, 그 목적지에 도달할 수 없습니다. 그리고 그 목적지에 도달하려면 지도와 나침반이 있어야 합니다. 망망대해의 거친 파도와 폭풍을 헤치고 미래를 향하여 항해를 계속할 때, 지도와 나침반은 길잡이가 될 것입니다.

레오나르도 다빈치는 '모나리자'와 '최후의 만찬'을 그린 천재적인 화가로 우리에게 알려져 있습니다. 플라스틱이나 강철이 없던 500년 전에 비행기의 전신인 비행체의 그림을 그려서 우리에게 남겨 놓았습니다.

시각적인 그림을 통하여 미래를 보여주는 것이 '미래지도'입니다. 제임스 캔턴이 개발한 미래지도는 개인·기업·국가가 원하는 미래를 시각적으로 그려볼 수 있고, 구성원 상호 간에 미래의 비전과 전략을 커뮤니케이션 할 수 있는 강력한 도구입니다.

미래지도는 전략적인 사고를 돕고 미래에 더 나은 선택을 하도록 만드는 시각적 도구이기 때문에, 미래지도를 통하여 우리는 가고 싶은 목적지를 더욱 쉽게 파악할 수 있습니다.

미래 트랜드는, 일반적으로 각각의 트랜드가 상호작용하여 연결된 시너지가 엄청나게 큰 힘으로 작용합니다. 새로운 미래는 하나의 트랜드가 아니라, 모든 트랜드가 통합적으로 상호 연결되어 새롭게 창조되는 것입니다.

서비스혁명의 정체성을 명확하게 재설정하고, 목표를 분명하게 제시한 미래지도를 그려야 할 때입니다.

한 길만 더 파라

"벽오동 심은 뜻은 봉황을 보렸더니
내 심은 탓인지 기다려도 아니 오고
밤중에 일편명월만 허공에 걸렸에라"

이 시는 조선 중기 작자 미상의 시입니다. 봉황은 벽오동 나무에만 둥지를 짓고, 봉황이 나타나면 온 세상이 태평하게 된다는 상서로운 새입니다. 벽오동을 심어놓고 봉황을 기다리는 마음이 잘 나타나 있습니다.

미국이 지식정보사회에 진입한 지 63년. 세계는 서비스혁명이 변곡점을 지나 새로운 혁명으로 가고 있습니다. 이것은 소리 없는 혁명이며, 보이지 않는 혁명입니다. 귀 기울여 들어야 하고, 마음의 눈을 뜨고 보아야 하는 혁명입니다.

기후변화로 인한 티핑포인터, 특이점을 지나는 인공지능혁명의 거대한 변화, 인간혁명, 시간혁명, 분산화된 에너지·사람·사물의 초연결 혁명, 유전자 편집 혁명, 이러한 변화가 상호 연결·융합하여 일어나는 초유의 혁명으로 세계는 다시, 200년 만에 패권국과 약소국으로 갈라지는 세계사의 대분기점에 다가서고 있습니다.

산업혁명의 물결을 인식하지 못하고 나라마저 **빼앗겼던** 구한말, 한반도는 난세였습니다. '산업화는 늦었지만, 정보화는 앞서가자'고 밤낮을 달려서 여기까지 왔습니다.

미래예측과 혁신경제·혁신사회·혁신국가 전략을 담당하는 컨트롤 타워를 설치하고, 통합된 하나의 힘으로 힘차게 앞으로 나아가야 합니다.

"일을 성취하는 것은 우물을 파는 것과 같다. 우물을 아홉 길이나 팠더라도 샘물에 미치지 못하면 오히려 우물을 버리는 것이 된다." 맹자의 말입니다. 아홉 길을 파 내려간 노력도, 목적을 이루기 전에 그만두면 그 노력은 헛일이 되어 버립니다. 한 길만 더 파면, 맑은 물이 솟구쳐 오를 것입니다.

배울 학(學)은 배움이 반, 가르침이 반으로 완성됩니다. 칸막이를 없애고, 연결하고 융합하는 서비스사이언스학회와 서비스강국코리아의 비전은 진정으로 배움을 완성하고, 가르침을 완성하는 길입니다.

혁신경제·혁신사회·혁신국가 전략을 동력으로 지속가능한 인간의 행복과 질적으로 더 나은 삶으로 가는 우리의 목표를 향하여 스스로 질문하고, 인류의 생존과 행복을 위하여 각자 자신의 위치에서 봉황을 기다리는 마음으로, 한그루 벽오동을 정성껏 심고 가꿀 일입니다.

* 이 글은 2017년 12월 20일(수), 한국과학기술회관 국제회의장(서울 강남구)에서 개최된 2017 서비스 사이언스 그랜드 컨퍼런스(서비스사이언스학회, 서비스강국코리아, 한국고용정보원 공동 주최)에서 발표한 저자의 기조연설(초유의 시대 서비스혁명, 어디로 가야 하나) 내용을 요약한 것입니다.

　기조연설이 끝나고, 힘차게 박수를 쳐 주시고 다가와서 손을 잡고 해주신 말씀들이 너무 감사했습니다. 강연 요청과 기조연설 원고를 보내 달라는 요청도 있었습니다. 기조연설 내용을 요약하여 이 책에 담았습니다.

1 장

200년 만에
역사적 대분기점에
다가선 세계

1. 200년 만에
역사적 대분기점에
다가선 세계

미국이 지식정보사회에 진입한 지 63년이다. 이제 세계는 지식정보혁명이 변곡점을 지나 초유의 혁명으로 가고 있다. 미래를 알기 위해서는 과거를 보아야 한다.

인류는 지난 18세기 후반에 농경사회를 산업사회로 변혁시킨 산업혁명을 겪은 바 있다. 영국에서 증기기관의 발명으로 시작된 산업혁명은 대량생산과 대량소비로 특징지어지는 산업사회를 이룩하였다. 이 변혁의 물결로 세계는 1820년, 지배국과 식민지로 갈라지는 역사적인 대분기(Great Divergence)가 일어났다. 이 변혁기에 산업혁명의 물결을 슬기롭게 탄 나라들은 선진국으로 발전하여 세계를 지배하였다. 이때부터 세계는 지배국과 식민지로 갈라지는 힘의 격차와 부의 격차가 본격적으로 벌어졌다.

프랑스도 1820년경에 본격적인 산업혁명 단계에 들어서기 시작했다. 왕정복고 시대(러시아 원정에 실패한 나폴레옹이 퇴위하고, 1814년 루이 18세의 복귀 후 지속한 프랑스의 정체 시대)가 끝나자, 전통적 농경사회를 벗어나지 못하고 정체되어 있던 지방을 떠나, 산업혁명으로 도시화해 가는 파리로 세계의 예술가들이 몰려들었다.

 1820년 청나라 건륭황제 때 중국은 세계 최고의 경제 대국이었다. 당시 중국은 전 세계 GDP의 32.9%를 차지하였다. 영국이 5.2%, 일본이 3.0%, 미국이 1.8%를 점유하였음을 고려하면 당시 중국의 경제 규모를 짐작할 수 있다.
 정오의 뜨거운 열기를 내뿜은 태양이 서쪽으로 저물며 식어 가듯이 가장 강성할 때가 바로 쇠약의 길로 들어가는 입구가 된다. 영국과의 아편전쟁(1840-1842)에서 청나라가 패하여 난징조약을 맺은 후, 중국은 150년 동안 내리막길을 걸었다. 1970년대 덩샤오핑의 개혁개방과 실용주의로 변곡점을 지나서, 2011년 일본을 제치고 세계 2위의 경제 대국으로 굴기하였다.

 중국은 19차 공산당 대회에서 2050년 현대국가를 건설해서 중국 중심의 세계질서 체제, 팍스 차이나로 가는 중국의 꿈을 실현하겠다고 발표하였다. 2024년 인도 인구는 14억 5천만 명으로 중국 14억 3천만 명을 넘어서 인구 1위 국가가 될 것이다. 인도네시아 인구 2억 8천만 명과 인도, 중국의 인구를 합하면, 31억 6천만 명이 될 것으로 예측된다.
 지속해서 성장해가는 인도는 2040년이면 인구 15억 명 평균연령 34세의 젊은 국가로, 평균 연령 46세의 중국을 능가하여 인도, 중국, 미국이 G3가 될 것이다. 이슬람교의 인구도 매우 증가하여 세계 최대 종교가 될 것으로 예측된다. 통일된 한반도는 지정학적으로 해양세력과 대륙세력, 태평양과 인도양을 연결하고 우발적이며 다차원으로 충돌하는 세계의 중심에서, 격동하는 세계정세를 이어주는 다리가 되어야 한다.

인류의 문명사를 살펴보면 아테네와 로마, 스페인·네덜란드·영국과 미국 등 세계역사를 주도해 나갔던 나라들은 대부분 바다를 장악하였고, 바다를 통하여 제국의 흥망성쇠가 결정되었다. 아테네와 로마제국의 지중해, 스페인의 대서양을 통한 팽창과 1588년 스페인의 무적함대를 격파한 영국이 대서양을 넘어 300년간 세계를 제패하였다.

미국은 1980년 전 세계 생산의 49%를 차지하여 세계의 공장이 되었다. 20세기 후반 미국은 세계 경제를 지배하고, 미국 중심의 세계질서 체제인 팍스 아메리카나를 주도하였다. 2011년 중국이 일본을 제치고 세계 2위의 경제 대국으로 굴기하고 있다.

세계 문명이 지중해 시대에서 대서양 시대를 거쳐, 이제 인도양·태평양 시대가 열리고 있다. 인도양·태평양 시대를 나는 '대동양 시대'라고 부른다. 세계 역사에 로마제국은 200년마다 큰 변혁을 겪어왔다. 중국의 왕조도 200년마다 왕조가 바뀌어 왔고, 평균 수명이 200년이었다.

인공지능이 인공지능을 만들어 내는 숨 가쁜 인공지능혁명. 자동화·지능화 기술의 융합과 초연결의 4차 산업혁명. 기후변화 티핑포인터로 인한 그린혁명. 화석연료 시대가 가고 자원 부족 시대에 200년 전 10억이었던 인구는 2100년 지구상에 112억의 인구가 살아가야 한다. 외부 자원은 한정되어 있지만, 인간의 내적 자원은 무한하다. 인간의 안·이·비·설·신·의의 여섯 가지 지각기관과 분별 식인 제7 말라식, 훈습 된 종자식인 제8 아뢰야식, 이러한 인간의 내적 자원을 끌어내는 인간혁명. 정보의 홍수와 복잡한 세상에서 유한한 자원인 시간이 최고의 가치가 되는 시간혁명. 유전자 편집 혁명. 이러한 변화들이 상호 연결·융합하여 초유의 혁명이 오고 있다. 이러한 초유의 혁명으로 200년 만에 세계는 다시, 패권국과 약소국으로 갈라지는 세계사의 대분기점에 다가서고 있다.

산업혁명의 물결을 인식하지 못하고 나라마저 **빼앗겼던** 구한말, 한반도는 난세였다. '산업화는 늦었지만, 정보화는 앞서가자'고 밤낮을 달려 여기까지 왔다. 이제, 새로운 혁명이 다가오고 있다. 이것은 소리 없는 혁명이며, 보이지 않는 혁명이다. 귀 기울여 들어야 하고, 마음의 눈을 뜨고 보아야 하는 혁명이다.

어디로 가야 하는지를 알기 위해서는 어디에 서 있는지 정확히 알아야 한다. 북극점에 서 있다면 앞으로 가든지, 뒤로 가든지, 옆으로 가든지 모든 쪽이 남쪽이다. 남산을 바라보고 뒤쪽은 북쪽, 왼쪽은 동쪽, 오른쪽은 서쪽이라는 말은 서울에서만 맞는 말이다. 우리는 어디에 서 있는가?

2. 전 지구적 생태계로
급변하는 세상

온실가스로 인한 지구 온난화로 북극 빙하의 녹는 속도가 빨라지고 지구는 더 뜨거워지고 있다. 숨 가쁜 인공지능혁명으로 세상은 하루가 다르게 변화하고 있다. 글로벌 경제로 지구촌은 더 좁아지고 있다.

인도양·태평양 시대, 인도와 중국의 부상으로 세계 질서는 다극화하고 있다. 세계의 중산층 비율은 1980년 33%에서 2030년 93%로 늘어나고 있다. 2100년 112억의 인구를 싣고 돌아가야 하는 지구는 인류가 필요로 하는 생존 자원을 지속 가능하게 공급할 수 있을까?

21세기 인류는 인공지능이 인간의 능력을 넘어서는 싱귤래러티, 특이점을 지나게 되고, 기후변화로 인한 티핑포인터에 다가서게 된다. 21세기 인류는 ① 인간과 자연의 화해 ② 종교와 종교 간의 화해 ③ 지식과 삶의 화해라는 세 가지 과제를 해결해 나가야 한다. 세계 경제의 패러다임이 인간과 자연의 조화를 고려하는 '지속 가능 경제'로 이동하고 있다.

더 뜨거워지는 지구

· 유엔 산하 기후변화에 관한 정부 간 협의체는 21세기 말까지 지구 온
도 6.4도 상승, 해수면 59㎝ 상승을 예측하였다.
· 세계 195개국이 2015년 12월 21일 파리에서 모든 국가가 이행하여야
할 강제력이 있는 '기후변화협정'을 체결하였다. 이 협정은 나고야의
정서가 만료되는 2020년부터 적용될 것이다.
· 지난 100년간 지구 온도는 0.74도 상승하였고, 2050년까지 지구 온
도는 산업화 이전보다 2도 이상 상승할 것이다. 20년 안에 아시아 농
경지 30%가 사막화될 것이다.
· 온실가스의 위협 → 지구 온난화의 55%가 CO_2에 기인한다.
· 지난 40년간 제주도 해수면 22cm 상승(세계 평균의 3배)
· 2012년 한반도에 상륙한 태풍 4개(볼라벤 등)는 50년 만에 처음이다.
2002년 태풍 루사는 강원도에 1일 강우량 870mm를 기록하여 5조
원의 피해를 줌. 2010.9.21. 서울 강서구에 내린 1시간당 강우량 100
mm의 물 폭탄은 103년 만의 기록이다.
· 기후 재해로 인한 식량과 물 부족으로 에너지, 도시계획, SOC 패러다
임 재설계 필요.
· 2010.4.14. '저탄소 녹색 성장 기본법' 제정, 2012.5.2. '온실가스 배
출권 할당과 거래에 관한 법률' 제정.

더 좁아지는 세계

· 세계 경제 거시변수의 동조화 현상과 불확실성 증대 → 2008년 전대
  미문의 경제위기, 2010년 및 2011년 유럽과 미국의 재정위기로 세계
  경제 위기 초래. 북핵과 ICBM의 위협, 트럼프의 등장과 미국 우선주
  의, 남중국해에서 미·일과 부딪히는 시진핑, 중국의 꿈. 인공지능과
  자동화·지능화 기술이 가져올 노동의 종말. 안보와 경제위기. 미국의
  금리인상으로 세계 금융의 동조화 현상 등
· 개도국 근로자의 시장진입, 국제결혼증가 및 임금 격차 확대 → 127
  개 국가와 사돈, 22만 다문화 가정, 100개국 300만 체류 외국인,
  2020년 외국인 유학생 20만 명 유치.
· 국제기구의 정책영역이 광범하게 확산함.
· 국제간 이동이 어려운 법제도 등 공공 인프라의 중요성이 갈수록 커
  지고 있다.
· 유한한 자원의 공급제약, Cost-Push와 자원 확보 경쟁 심화 →
  2008년 147달러까지 치솟았던 원유의 가격이 미국의 셰일가스 공급
  증대로 한때 저유가 시대가 왔으나, 왕자의 난 등 중동의 불안한 정
  치 상황과 피크오일로 원유가는 지속해서 상승할 것이다.

더 늙어가는 세계, 넘치는 인구

· 출산율 급락과 평균 수명 연장으로 노인 인구 비중 급상승 → 현생
  인류가 전체 역사에서 살다간 인간 모두의 평균 수명은 18세였다.
  '타임'은 현재 태어난 아이는 142세까지 살 것이라고 보도하였다.
  * 평균수명이 늘어남 : 로마 제국 28세 -> 1700년 33세 -> 1800년
    36세 -> 1900년 50세 -> 2000년 79세 -> 2150년 142세
  * 21세기 우리 사회가 꼭 풀어야 할 과제는 초고령화 문제와 세대 공
    감이다. → 초고령화 사회 진입에 프랑스는 154년, 한국은 26년 걸
    린다. 2017년 출산율은 1.06명이다. 1980년대 한 해 80만 명 이상
    태어나던 아이는 2022년 30만 명 아래로 떨어질 것이다.
· 세계인구의 급증 : 신석기 시대 300만 명 -> 기원전 12세기 1억 명
  -> 기원후 1000년 2.5억 명 -> 1500년 5억 명 -> 1820년 10억 명
  -> 1900년 16억 명 -> 2011년 70억 명 -> 2100년 112억 명
· 사회보장의 부담 증가로 정년 제도의 개혁 및 정년 연장과 임금 피크
  제에 대한 사회적 공감 확산과 대타협 필요
· 평생 학습 제도 확산과 인생 삼모작 등 다단계 인생 설계의 필요성
  증대

초유의 시대, 하루가 다른 세상

· 지금은 초유의 시대다. 이전에는 들어 본 적도 없고, 있어 본 적도 없는 일들이 우발·단절·다차원적으로 일어나는 시대다. 2017년 11월 15일 오후 2시 30분 포항지진으로 초유의 수능 연기가 있었다. 우발적이다. 초불확실성의 시대다. 초불확실성의 시대만큼 이 시대를 잘 표현하는 말은 없다. 초연결의 시대다.

· 초격차의 시대. 세계 역사는 200년마다 큰 변혁을 겪어왔다. 산업혁명으로 1820년, 세계는 지배국과 식민지로 갈라졌다. 4차 산업혁명으로 200년 만에 세계는 다시, 패권국과 약소국으로 갈라지는 대분기점에 다가서고 있다.

· 지식의 '개살구 현상(겉모양은 그럴듯하나 실속이 없음)'으로 시장 왜곡과 디지털 격차(digital divide) 심화

· 시간·공간의 한계를 극복하여 생산성이 비약적으로 향상되고, 비즈니스 모델이 급격히 변혁되고 있다.

· 21세기 인류는 인공지능이 인간의 능력을 넘어서는 싱귤래러티, 특이점을 지나게 된다. 기술변화의 속도가 인간지능이 따라갈 수 없을 정도로 빨라지면, 양자 컴퓨팅·나노·바이오 기술 분야에서 혁명적인 변화가 일어난다. 빅데이터를 이해하고 해석하기 위하여 인간 뇌와 컴퓨터가 결합하는 시대가 다가올 것이다. 기후변화로 인한 티핑포인터에 다가서게 되면, 인간이란 무엇인가? 어떻게 살 것인가? 에 대한 기본적인 논쟁에 직면하게 될 것이다.

· 지식의 창출·확산 경로 재편 및 대중복제의 일반화

· 평생학습과 원천기술의 중요성이 더욱 긴요해짐.

대동양 시대, 인도와 중국의 부상

· 1820년 중국 청나라 건륭황제 때, 중국은 세계 최고 국가였다. 이때, 전 세계 GDP의 32.9%를 차지하였다. 영국과의 아편전쟁(1840-1842)에서 청나라가 패하여 난징조약을 맺은 후, 중국은 150년 동안 내리막길을 걷다가 1970년대 덩샤오핑의 개혁개방과 실용주의로 변곡점을 지나서 2011년 일본을 제치고 세계 2위의 경제 대국으로 굴기하였다.

· 1993년 GDP 세계 1위였던 일본은 2008년 2위, 2011년 3위로 지속해서 하락하였다. 세계 GDP 비중도 1998년 18%에서 2010년 8.7%로 지속해서 감소했다.

· 중국은 19차 공산당 대회에서 2049년 현대국가를 건설해서 중국 중심의 세계질서 체제, 팍스 차이나로 가는 중국의 꿈을 실현하겠다고 발표 했다. 중국은 자동차 구매에서 2009년 미국에 앞섰다.(CO_2 배출, 2007년 미국에 앞섰다) 중국의 잠재력과 시장경제 연착륙(베이징 Consensus)

· 미국 우선주의로 '다시, 미국을 위대하게'를 부르짖는 트럼프. 중국의 힘을 앞세우는 시진핑. '전쟁하는 나라, 일본'으로 가겠다는 아베. 그리고 푸틴. 힘이 유일한 선택의 기준이었던 시대, 이 물결을 인식하지 못하고 일본 제국주의 침략에 나라를 빼앗겼던 구한말. 한반도는 난세였다. 지금, 대륙의 광풍과 대양의 해류가 한반도에서 맹렬하게 부딪쳐 소용돌이치며 자욱한 안개와 격렬한 풍랑을 만들어내고 있다. 우리는 어디로 가야 하나?

· 경제 파탄에 직면한 북한은 2010년 천안함 피격·연평도 포격 도발을 하였다. 2011년 김정일 사망 후, 김정은은 핵과 대륙간탄도미사일(IC

BM) 도발로 전 세계적으로 외교적·경제적 제재에 직면하고 있다. 한반도는 2025년을 전후하여 우발적 충격의 발생으로 통일의 길에 들어서게 될 것이다.

더 늘어나는 중산층,
삶의 질 향상과 지속 가능 경제로

· 세계는 산업혁명 이후 세 차례, 중산층이 폭발적으로 증가하였다. → 산업혁명으로 19세기 서유럽에서 중산층 인구의 폭발적 증가. 2차 대전 후, 30년간 베이비 붐이 있었던 서구사회, 세계화(2000년~2006년)로 개발도상국에서 폭발적인 중산층 증가
  * 1980년 세계 인구의 33% -> 2006년 덩샤오핑의 개혁개방과 실용주의 노선으로 57%로 증가 -> 2030년 93%로 증가할 것으로 예상
  * 중국이 전 세계 중산층 인구 비중의 30%를 차지할 것이고, 세계적으로 증가하는 중산층 인구의 52%는 중국의 몫이 될 것이다. 인도의 중산층 인구도 폭발적으로 증가할 것이다.
· 소득 상승과 여가 확대로 '삶의 질'을 향한 욕구가 급상승하고 있다.
· 인간과 자연, 경제와 문화를 동시에 추구하는 '지속 가능 경제'로 경제의 패러다임이 바뀔 것이다.
· 통섭, 다학제 접근, 융·복합 기술, 잡종 강세, 제3의 길, 1인 다기능 시대의 도래

3. 걸음을 멈추고
새로운 혁명에 대비하자

 지난 70년을 돌이켜 보면, 태산보다 높은 배고픈 보릿고개를 넘어 5천년 가난을 해결하였다. 한강의 기적을 달성한 우리는 이제 수출 세계 6위, 무역 1조 달러의 경제 대국이 되었다. 70년간 산업화와 민주화를 달성하고, '산업화는 늦었지만, 정보화는 앞서가자'는 전 국민적인 컨센서스를 바탕으로 2000년대 초 우리는 IT 강국의 면모를 드러낼 수 있었다.

 아직도 가야 할 길이 멀지만, 세계는 국경 없는 무한경쟁의 시대에 들어섰다. 2008년 미국의 금융위기와 그리스·스페인·포르투갈·이탈리아 등 유로존의 국가 재정위기로 인한 신용등급 하락과 경제 추락으로 세계 경제는 한 치 앞을 볼 수 없는 불확실성의 시대에 접어들었다. 북핵과 ICBM의 위협, 트럼프의 등장과 미국 우선주의, 남중국해에서 미·일과 부딪히는 시진핑. '전쟁하는 국가, 일본'으로 가겠다는 아베, 그리고 푸틴. 숨 가쁜 인공지능혁명. 자동화·지능화 기술의 융합과 초연결의 4차 산업혁명. 기후변화 티핑포인터로 인한 그린혁명. 외부자원은 한정되어 있지만, 인간의 무한한 내적 자원을 끌어내는 인간혁명. 넘쳐나는 정보와 복잡한 세상에서 유한한 자원인 시간이 최고의 가치가 되는 시간혁명. 유전자 편집 혁명. 이러한 변화들이 상호 연결·융합하여 초유의 혁명이 오고 있다. 이러한 초유의 혁명으로 200년 만에 세계는 다시, 패권국과 약소국으로 갈라지는 대분기점에 다가서고 있다.

인류는 지난 18세기에 농경사회를 산업사회로 변혁시킨 산업혁명을 겪은 바 있다. 인류문명에 산업혁명은 커다란 변곡점이었다. 곡선의 길을 따라가는 역사는 변곡점을 지나면, 기하급수적으로 가파르게 변해간다.

1968년 이탈리아의 아우렐리오 페체이의 주도로 결성된 로마클럽은 1972년 인구, 식량자원, 천연자원, 산업발전, 오염이라는 다섯 가지 요소를 기반으로 지구의 미래를 예측한 <성장의 한계>를 발표하였다. 이어서 <인간과 자연>을 발표하고, 화석연료 위주의 고도성장에 대한 염려를 나타낸 지 40년 만에, 우리는 저탄소 녹색성장 기본법(2010.4.14)과 온실가스 배출권 할당과 거래에 관한 법률(2012.5.14)을 제정하였다.

그레이엄 터너는 2008년, 1970년부터 2000년까지 30년간의 데이터를 기반으로 <성장의 한계>를 검증한 결과, 로마클럽의 시뮬레이션 예측 모델이 맞았음을 증명하였다. 터너는 인류의 무자비한 소비가 자원고갈과 오염증가로 이어져 21세기가 끝나기 전에 세계는 파멸하고 붕괴한다는 시나리오가 가장 현실과 닮은 것으로 분석하였다.

2011년 남아프리카 더반에서 열린 제17차 유엔기후 변화 협약 당사국총회 결과, 단일한 법적 체제 아래서 모든 국가가 참여하는 실질적 감축 행동의 전기가 마련되었고, 세계 195개국이 2015년 12월 21일 파리에서 모든 국가가 이행하여야 할 강제력이 있는 '기후변화협정'을 체결하였다. 이 협정은 나고야의정서가 만료되는 2020년부터 적용될 것이다. 이제 세계는 인간과 자연, 경제와 문화를 고려하는 '지속 가능 성장' 시대가 도래하였다.

 1982년 타임의 표지 모델이었던 'PC'는 종말을 맞이하고, 숨 가쁜 인공지능 혁명과 4차 산업혁명으로 세계는 문명의 대전환 시대를 맞이하고 있다.
 20세기 후반 미국에서 시작된 정보혁명 이후 지식과 정보는 한때, 탁월한 가치이자 경쟁력이었다. 이제는 넘쳐나는 정보는 실질적인 가치가 없고 그것이 상상력과 결합하지 않으면 새로운 시대에서 살아남을 수 없게 되었다.

 한센 박사가 말한 대로, 인간이 일으킨 기후변화는 금세기가 끝날 무렵 지구 온도를 6도 상승시키고, 그 직후에는 우리가 아는 대로 문명의 종말이 닥칠 것이다. 기후적 증거와 지속적인 기후변화의 측면에서 이산화탄소를 현재의 400ppm에서 350ppm 이하로 줄여야 한다. 그러나 그럴 가능성은 없다. 티핑포인트가 다가오고 있다. 이번이 마지막 기회가 될 것이다. 상태가 점점 나빠지고 있어 지구의 희망이라고는 극적인 조치만 남아 있다.
 200년 전 10억 명이었던 인구가 2100년 112억 명으로 증가하고, 인류의 식량과 물과 지속적인 삶을 보장하려면 우리는 무엇을 하여야 하는가?
 앞선 자들을 따라가기 위해, 밤낮을 달려서 여기까지 왔다. 문득, 퍼스트 무버 시대는 사라지고, 초유의 혁명이 우리 앞에 놓여있음을 본다.

장자가 조릉으로 새 사냥을 갔다가 나무에 앉아있는 새를 잡으려다 과수원에 들어가게 되었다. 새는 다가오는 장자를 보지도 못하고 사마귀를 노리고 있었다. 사마귀는 매미를 잡는데 정신이 팔려서 새가 뒤에서 노리는 것도 모르고 있었다. 매미는 사마귀가 노리는 것도 모르고 한가하게 노래를 부르고 있었다.

새를 잡으려고 장자가 활시위를 당기려다 뒤를 돌아보니, 과수원 주인이 몽둥이를 들고 과수원에 들어온 자기를 잡으려고 달려오고 있는 것이 눈에 들어왔다. 장자는 잡히지 않으려고 부리나케 달리면서 생각하였다. "모두가 당장 눈앞의 이익 때문에 화근이 다가오는 것도 모르고 있구나."

더 늦기 전에 걸음을 멈추고 뒤돌아볼 시간이다. 불평등으로 인하여 초래된 소득·세대·기회의 격차를 인식하고 깊은 성찰을 하면서, 숨 가쁜 인공지능혁명, 4차 산업혁명과 기후변화 사회, 꿈의 사회, 공감의 사회, 상상력과 초유의 혁명에 적극적으로 대비해 나가야 한다.

'빨리 가려면 혼자 가고, 멀리 가려면 함께 가야 한다.'
이제 대기업과 중소기업이, 2040과 5070이, 가진 자와 못 가진 자가, 동과 서, 남과 북이 손에 손잡고 '지속 가능한 성장', '영원한 행복'과 '삶의 질 향상'을 위하여 함께 가야 한다.

이 우주를 구성하고 있는 근본요소는 '에너지와 질량'이다. 우주는 에너지 보존의 법칙과 질량 불변의 법칙이 성립한다. 아인슈타인이 특수상대성이론을 발표할 때 $E=MC^2$ 등가원리를 발표하였다. 여기서 E=에너지, M=질량, C=광속도다. 등가원리에서 에너지(E)가 0이면 질량(물질, M)도 0이 된다. 0이퀄0(0=0)이 된다.

물 한 그릇을 얼리면 얼음 한 그릇이 되고, 얼음 한 그릇을 녹이면 물 한 그릇이 된다. 에너지가 질량이 되었을 때나 질량이 에너지가 되었을 때나 그 양은 전체가 0이퀄0(0=0)이 된다. 에너지는 그대로 질량이 되고, 질량은 그대로 에너지가 된다. 마하반야바라밀다심경에서 말하는 부증불감, 불생불멸이 성립한다. 증감이 없다. 에너지가 질량이고 질량이 에너지로 값이 같아진다. 등가원리로 통일되어 있다.

이 우주는 영원토록 부증불감, 상주불멸이 된다. 너와 내가 따로 없는 것이다. 불이(不二), 둘이 아니고 하나다. 에너지 보존의 법칙에 따라 우주 전체의 총 에너지는 태초부터 정해져 있다. 이 세상 끝까지 변함이 없을 것이다. 우주의 에너지는 늘 일정하지만, 그 형태는 끊임없이 변한다. 에너지가 한쪽에서 다른 쪽으로 변할 때, 다음에 운동하기 위해 사용할 수 있는 에너지는 줄어든다. 이때, 사용 가능한 에너지의 손실을 '엔트로피'라 한다. 열역학 제2의 법칙은 에너지는 한쪽 방향으로만 변한다는 법칙이다. 질서에서 무질서로, 사용할 수 있는 것에서 사용할 수 없는 것으로 변해간다. 산업화는 환경에서 엔트로피의 총량이 증가하는 대가를 치러야만 했다.

산업혁명에서 사용된 화석연료 에너지와 인류의 행동이 초래한 지구 온난화와 기후변화의 엔트로피는 인류와 지구에 막대한 충격을 주면서 전 지구적 생태계에 티핑 포인트를 야기하였다. 그린혁명은 인류에게 당면한 21세기 과제라 할 수 있다.

2003년 개봉한 앤드루 스탠턴 감독의 애니메이션 영화 '니모를 찾아서'의 주인공 '니모'는 흰동가리다. 흰동가리 니모와 말미잘은 공생관계다.

지구환경 보존과 경제 번영, 성장과 삶의 질 향상, 경제 발전과 사회 통합, 국가발전과 개인의 발전이 함께하는 '지속 가능한 발전'이 공생 발전이다. 함께 살아가는 '공생'은 자연의 법칙이자 삶의 지혜다.

2 장

'55년, '71년, '93년
그리고 미래

1. 부드럽고 약한 것이
딱딱하고 강한 것을 이긴다

21세기에 들어서서 세계는 군사력이나 경제 제재 등 물리적 표현인 하드 파워에서 소프트 파워로 권력의 축이 이동하였다. 소프트 파워는 경제력보다 매력을 통해서, 명령이 아닌 자발적 동의와 문화가 힘의 근원이라 본다.

소프트 파워는 하버드대 조지프 나이가 사용한 말이다. 군사력에 의존하여 대제국을 건설했던 몽골이 마지막에는 피정복 문화에 동화됐던 역사적 사실에서 소프트 파워의 진정한 힘을 알 수 있다.

소프트 파워는 교육·과학·학문·예술·기술 등 인간의 이성적·감성적 능력이 창조하는 모든 분야를 포괄한다.

노자의 도덕경에서 우리는 소프트 파워의 진정한 힘을 찾을 수 있다. 도덕경 제36장은 다음과 같다.

장차 그대가 한결같이 큰 도와 민심을 얻고자 한다면
반드시 백성들에게 널리 베풀어 크게 펼쳐야 하며,

그대가 큰 도와 민심을 잃고자 한다면
반드시 백성들에게 힘으로 강요할 것이며
장차 폐하려면 반드시 먼저 흥하게 해주어라.
장차 **뺏**으려면 반드시 먼저 주어라.
이런 이치를 일컬어 미미하지만
오묘하고 밝은 지혜라 하는 것이다.

장욕흡지 필고장지(將欲翕之 必固張之)
장욕약지 필고강지(將欲弱之 必固强之)
장욕폐지 필고흥지(將欲閉之 必固興之)
장욕탈지 필고여지(將欲脫之 必固與之)
시위미명(是謂微明)

부드럽고 약한 것이 딱딱하고 강한 것을 이기게 마련이다.
본래 물고기가 연못을 벗어나 살 수 없듯이
사람이 살아가는 이치도 이를 벗어날 수 없는 것이다.
이러한 큰 도는 사람이 터득하려고 하여도
알기 어려운 것은
마치 물고기가 물에 살면서 물을 모르는 이치와 같은 것이다.

유약승강강(柔弱勝剛强)
어불가 탈어연(魚不可 脫於淵)
국지이기 불가이시인(國之利器 不可以示人)

주역은 '만물이 극에 달하면, 다시 돌아오는 법'이라고 하였다. 반만년
이어왔던 선천(先天)시대가 끝나고 후천(後天)시대가 열리고 있다. 선천

이 물질이라면 후천은 정신이요, 선천이 양이라면 후천은 음이다. 만물이 극에 달하면 반드시 돌아오는 법으로, 동양에서 출발했던 문명이 서양의 시대를 돌아서 다시 동양으로 돌아오고 있다. 만물이 간방에서 시작하고, 간방에서 끝나므로 간방에 속한 우리나라에서 후천의 새 문명이 시작한다.

농경사회와 산업사회를 지탱하였던 힘과 남성 중심의 부계사회에서, 인공지능과 가상화·지능화 기술을 중심으로 하는 감성·소통의 신모계사회로. 양의 기운에서 음의 기운으로 축이 이동하고 있다.
 21세기는 디지털 장비로 무장하고 지구를 떠도는 디지털 노마드의 시대다. 여성 정치 지도자가 대거 등장하고, 여성의 사회 참여가 활발해지고 있다. 2010년 20대 여성 고용률은 58.3%로, 20대 남성 고용률 58.2%를 사상 처음으로 앞질렀다. 20대 여성 고용률은 1995년 55.0%에서 2010년 58.3%로 지속해서 늘어나고 있다.

 기술혁신과 모바일 인터넷, 페이스북·트위터 등 SNS의 활용이 폭발적으로 증가하고, 전자상거래가 통계조사를 처음 시작한 2001년 110조 원에서 2011년 1000조 원으로 성장하였다. 온라인 유통 공룡 아마존의 제프 베네스는 재산 120조 원으로 세계 1위의 부자로 부상하였다.
 전국적인 네트워크망과 결제 인프라 등 IT 기술 발전에 따라 2018년 우리나라 모바일 쇼핑은 전체 전자상거래의 70%를 넘고 있다.

 존 나이스비트는 현대는 시대와 시대의 중간기로써 불안정한 요소로 가득 찬 과도기이며, '괄호 붙은 시대'라고 하였다. 그는 1982년 출간한 <메가트랜드> 에서 미국 사회의 장래를 좌우하는 10가지 메가트랜드를 조사·발표하였다.

1) 산업사회에서 정보사회로

2) 인위적 기술에서 하이테크·하이터치로

3) 국가 경제 체제에서 지구적 경제 체제로

4) 단기적 정책에서 장기 정책으로

5) 중앙집권 체제에서 지방분권 체제로

6) 제도적 복지국가에서 자조 사회로

7) 대의 민주주의에서 참여 민주주의로

8) 위계 체제에서 네트워크 체제로

9) 북부 시대에서 남부 시대로

10) 양자택일 사회에서 다원선택 사회로

   그가 제시한 메가트랜드는 미국 사회뿐만 아니라 전 세계의 거대한 조류를 일목요연하게 보여준다.

   존 나이스비트는 2010년, 중국 장쩌민 주석과 중국 재계의 제안으로 새로운 세계를 이끌어가는 중국의 8가지 힘 - 메가트랜드 차이나를 분석하여 발표하였다.

   세계의 중심이 서양에서 동양으로, 팍스 아메리카나에서 팍스 차이나로, G7에서 G2로 재편되고 새로운 체제가 구축되어 가고 있다.

   그가 1982년 <메가트랜드>를 발표할 당시의 미국은 이미 확립되어 있는 체제 안에서 변화를 겪었으나, <중국의 8가지 힘 - 메가트랜드 차이나>를 발표했던 2012년의 중국은 완전히 새로운 경제 체제를 만들어 가고 있으며, 중국은 2050년 새로운 세계의 중심이 되리라는 것이 존 나이스비트의 결론이다.

1) 정신의 해방

2) 하향식 지도와 상향식 참여의 균형

3) 성과를 내기 위한 전략적 틀 – 샤오캉 사회 건설

4) 실사구시가 이끄는 성장

5) 미래의 문화를 선도할 예술과 학술의 힘

6) 세계 속의 중국, 중국 속의 세계

7) 자유와 공정성

8) 중국이 준비하는 미래 – 혁신국가

세계경제포럼은, 세계 경제에서 차지하는 주요국의 비중(2017)을 발표했다. 미국 24.32%, 중국 14.84%, 일본 5.91%, 독일 4.54%, 영국 3.85%, 프랑스 3.25% 순이다. 한국이 세계경제에서 차지하는 비중은 1.86%다.

중국은 19차 공산당 당 대회에서 2050년까지 사회주의 현대화 강국을 건설해서 중국 중심의 세계질서 체제, 팍스 차이나로 가는 중국의 꿈을 실현하겠다고 발표했다.

불망초심 방덕시종(不忘初心 方得始終, 초심을 잃지 않고 시종일관하다.)으로 연설을 시작한 시진핑은 분발유위(奮發有爲, 떨쳐 일어나 할 일을 한다.) 하겠다고 말했다. 1단계로 2035년까지 샤오캉 사회를 기반으로 사회주의 현대화를 실현하고, 2단계로 2050년까지 사회주의 현대화 강국을 건설하여, 미국·러시아와 어깨를 겨루는 최첨단 일류군대를 만들고, '중화민족의 위대한 부흥'을 위해 중국의 꿈을 이루겠다고 밝혔다.

시진핑이 가장 강조한 단어는 신시대(新時代)였다. 과거 중국이 걸어오지 않은 새로운 길을 열어 가겠다는 결연한 의지가 담겨 있는 말이 '신

시대'다.

존 나이스비트가 2012년 발표한 <중국의 8가지 힘 - 메가트랜드 차이나>와 팍스 차이나로 가겠다는 중국의 꿈이 서로 일치한다는 사실을 발견할 수 있다.

중국은 완전히 새로운 경제체제를 만들어 내고 있으며 중국은 2050년 새로운 세계의 중심이 될 것이라는, 존 나이스비트의 말을 기억해야 한다. 거대한 물결, 메가트랜드와 연계하여 중국을 자세히 분석하고, 그 대책을 마련해 나가야 할 것이다.

프랜시스 후쿠야마는 1989년 동독이 몰락하자 '역사의 종언'을 선포하였다. 보편적 역사가 진화해 나가다가 어느 시점에서 더 좋아질 수 없는 한계점이 오면, 역사는 거기서 정지한다는 것이 헤겔의 역사철학이다.

프랜시스 후쿠야마는 사회주의나 공산주의가 자유주의나 민주주의 앞에 굴복한 지금이야말로 그 시점에 도달한 상태로 '역사의 종언'을 고한 때로 보았다. 이 시대는 새로운 체제와 변화를 창조해 나가야 하는 시점에 있다. 새로운 역사의 길로 나아갈 때는 또 다른 휴지기를 거쳐야 한다. 우리는 공감·소통·참여와 새로운 변화, 문화와 지식정보, 인공지능혁명과 4차 산업혁명, G2의 글로벌 경쟁 등 메가트랜드의 거대한 흐름을 바르게 보고 대처해 나가야 할 시점에 있다.

2. 지식정보혁명 진입 당시,
대중들의 인식도

미래는 과거에 있다. 연구할만한 미래는 현재에 존재하지 않는다. 실제로 현재에 존재하는 것, 그래서 미래학자가 연구할 수 있고 또 가끔은 실제로도 연구하는 것은 바로 미래에 대한 대중들의 마음속 이미지, 인식도다. 그래서 미래학의 주요 초점은 미래의 이미지, 미래상이라고 말한다.

지식정보혁명이 변곡점을 지나 초유의 혁명으로 나아가고 있다. 초유의 혁명이 어디로 가는지 알기 위해서는, 지식정보사회 진입 시기와 현좌표 그리고 지식정보사회 진입 당시의 대중들 인식도를 살펴보아야 한다.

지식정보혁명에 대하여 대중들의 관심이 증가하고, 사회적 논의가 한창이던 1992년, 한국통신학회에서 서울 시민 1,000명(학생 500명, 일반인 500명)을 대상으로 지식정보혁명과 지식정보사회에 대한 인식도를 조사한 결과, 전문가를 제외하면 학생들과 일반인들의 지식정보혁명에 대한 인식도는 낮은 것으로 나타났다.

지식정보혁명에 대한 인식도를 분석한 결과, 신문·방송 등 매스컴에서 심층 보도하고, 기업에서 활발한 판촉 활동을 펼친 분야에 대한 용어(정보혁명, 지식정보사회, 홈쇼핑 등)의 인식도는 높지만, 전문 용어(셀룰러 통신, 부가가치 통신망 등)에 대한 인식도는 낮은 것으로 나타났다.

지식정보혁명과 지식정보사회에 대한 인식도

(단위 : %)

항 목	1	2	3	4	무응답	합계
지식정보사회	1	7	66	25	1	100
천리안Ⅱ	24	28	38	9	0	100
KETEL(케텔)	26	20	34	19	1	100
이동통신	14	33	41	11	1	100
셀룰라통신	85	10	2	1	1	100
PCN(개인휴대통신)	38	28	27	6	1	100
ISDN(종합정보통신망)	19	35	32	13	1	100
LAN(근거리지역통신망)	20	30	35	14	1	100
CATV(유선TV통신망)	24	25	37	12	2	100
VAN(부가가치통신망)	42	27	19	9	3	100
팩시밀리	0	6	50	42	1	100
비디오텍스	12	41	33	12	1	100
전자사서함	28	29	27	14	2	100
음성자동응답시스템	5	23	55	17	1	100
홈쇼핑	9	15	48	28	0	100

1. 들어본 적이 있다. 2. 들어 보았으나 뜻은 모른다. 3. 약간 안다.

4. 잘 안다.

* 자료 : 한국통신학회(1992)

IT 산업이 국민경제에서 차지하는 비중은 1986년 3.2% -> 1999년 12.7% -> 2000년 16%로 폭발적으로 성장하였다. IT 산업이 국민경제에서 차지하는 비중은 (1991년 예측 당시) 2001년 6.9%로 예측하였으나, 실제는 예측보다 2.4배 더 빠른 속도로 성장한 것으로 나타났다.

IT산업이 국민경제에서 차지하는 비중(예측과 실제)

(단위 : 10억원, %)

구 분	1986	1991	2001 예측	1987-1991 평균증가율	1992-2001 평균증가율
국민 총생산	59,188	92,867	181,794	9.4	6.8
1차 산업	7,280	9,380	13,453	5.0	3.7
1차 산업	18,526	30,553	77,262	10.5	9.7
1차 산업	33,382	52,934	91,079	9.7	5.6
1차 산업	1,869	4,313	12,620	18.2	11.3
정보통신 /GNP	3.2	4.6	6.9	-	-

* 자료 : KT(1991)

73

유선전화 가입자 수는 (1991년 예측 당시) 2001년 2,400만 명에 이를 것으로 예측하였으나, 2001년 실제 가입자 수는 2,270만 명으로 예측치의 95%에 불과하였다.

기술혁신에 따라 1991년 당시에는 예상조차 하지 못했던 인터넷 사용자는 1997년 60만 명에서, 2001년 2,440만 명으로 폭발적으로 증가하였다. 휴대폰 가입자도 1997년 680만 명에서 2001년 2,810만 명으로 증가하였다. 스마트폰은 2010년 200만 명에서 2017년 4,800만 명으로 증가하였다. 기술혁신의 속도가 빨라짐에 따라, 과거에는 상상조차 하지 못했던 새로운 미래가 다가온 것을 볼 수 있다.

미래는 과거의 추세를 따라서 선형적으로 다가오지 않고, 우발적·단절적·다차원적으로 찾아온다.

다가오는 미래가 반드시 인류가 추구해온 이상적인 사회가 될 것이란 보장은 없다. 사회발전은 기술발전과 같은 물질적인 측면과 인간의 욕망을 뿌리로 하여 함께 어우러져 피어난 꽃이기 때문이다. 따라서 미래사회가 본질에서 인간의 욕망을 충족시키기 위해서는 기술 주도적 측면과 더불어 사회·문화적 측면에서 대중들이 주도하고 함께 참여하는 사회가 되어야 할 것이다.

지식정보혁명을 구체적이고 포괄적으로 이해하기 위해서는 정치·경제·사회·문화·기술적인 측면과 더불어 대중들의 생활여건과 라이프 스타일 변화 등 전반적인 측면들을 함께 살펴보아야 한다.

돌이켜 보면, 지식정보혁명의 거센 물결이 1980년대와 1990년대를 휩쓸어 갈 때 가정·경제·산업·문화·교육 등 모든 분야에서 밀어닥친 변화의 속도는, 기존의 예측보다 훨씬 빠르고 복잡하게 우리 사회의 모든 것을 바꾸어 놓았다는 것을 알 수 있다.

3. '55년, '71년, '93년
그리고 미래

'정보화 사회'라는 개념을 최초로 주장한 사람은 1962년 미국의 경제학자 프리츠 마흐럽이다. 그러면 세계는 언제 '지식정보사회'에 진입하였나?

한 사회의 정보화 정도를 측정하는 것은 매우 어려운 일이다. 만족할 만한 지표 또한 찾기가 쉽지 않다. 설사 있다고 해도 '정보화'라는 개념 자체가 계량적으로 정의하기에 어려움이 있고, 하나의 척도로 사회 전체를 근본적이며 포괄적으로 측정하기가 어렵기 때문이다. 그러나 정보화 수준이 정확하게 측정되어야 그에 맞는 적절한 대응책을 제시할 수 있으므로 한 사회의 정확한 정보화 수준 측정은 꼭 필요한 일이다.

한 사회의 전반적인 정보화 수준 측정을 위한 접근법에는 ① 고용 구조적 접근법 ② 거시 경제적 접근법 ③ 정보화 지수 접근법 3가지 측정법이 있다.

고용 구조적 접근법으로 본
지식정보사회 진입 시기

어디에 서 있는지 정확하게 아는 것이 승리의 토대가 된다. 급격한 변화와 초불확실성의 시대에 두려움은 적을 과대평가하여 지나치게 몸을 움츠릴 수 있고, 분노나 초조함은 선택의 폭을 좁히는 경솔한 행동을 하게 된다. 특히, 승리의 결과로 생긴 자만은 지나친 행동으로 이어져 또 다른 전쟁에서 패배의 원인이 된다는 것이 역사상 모든 전쟁에서 드러난 교훈이다. 그래서 모든 상황을 있는 그대로 보는 평상심이 바로 승리의 길이다.

선진 산업사회가 지식정보사회로 진입한 시기가 언제인가? 라는 물음에 대한 보편적인 접근법이 고용 구조적 접근법이다. 정보부문에 종사하는 인구의 상대 분포를 평가하는 접근법으로, 고용 구조 분석에 의한 정보화 측정은 마흐럽 교수의 '지식 산업론'에서 시작되어 포랫이 이를 발전 시킨 것이다. 1981년 OECD 연구를 통하여 보편화한 분석법인 고용 구조적 접근법은 정보부문의 고용자 수가 공업부문의 고용자 수를 넘어서는 때를 지식정보사회 진입 시기로 본다.

하버드대 교수 다니엘 벨은 고용 구조적 접근법을 활용하여, 미국은 공업부문 종사자 수와 정보부문 종사자 수가 각각 37%에서 같아진 1955년에 지식정보사회에 진입하였다고 분석하였다.
OECD도 같은 방법으로 조사하여 미국은 1950년대 중반, 프랑스·스웨덴·영국은 1970년대 초, 일본과 서독은 1970년대 중반에 지식정보사회에 진입했다고 분석하였다.

 일본 전기통신총합연구소는, 일본은 공업부문 종사자 수와 정보부문 종사자 수가 각각 32%에서 같아진 1971년에 지식정보사회에 진입하였다고 분석하였다.

 한국은 정보부문 종사자 수가 1983년 16.6%에서 1984년 20.9%로 상승하였으나, 이때 공업부문의 종사자 수가 27.3%로 나타나 지식정보사회의 문턱을 넘지 못하였다. 1980년대 지속적인 정보화 정책 추진으로 사회 전반의 정보화 수준이 폭발적으로 상승하여, 정보부문 종사자 수가 공업부문 종사자 수와 각각 30%에서 같아진 1993년에 지식정보사회에 진입하였다. (정보혁명 변곡점을 지나 그린혁명으로 98p, 저자 손민익, 2012)

거시 경제적 접근법으로 본
지식정보사회 진입 시기

 거시 경제적 접근법은 정보부문의 부가가치 생산액이 국민경제에서 차지하는 비중을 산출함으로써 정보화 정도를 측정하는 접근법이다.
 미국의 경제학자 프리츠 마흐럽의 지식산업에 관한 연구(1976)가 대표적이다. OECD에서 전문가 그룹을 형성하여, OECD 9개국을 대상으로 실증적 연구(1981)를 시작하면서 널리 활용하고 있는 분석법이다.
 거시 경제적 관점에서 정보화 수준을 분석한 마흐럽 교수는, 1958년 당시 미국 GNP의 29%를 지식산업이 차지하였고, 노동인구의 31%가이 부문에 종사하였음을 밝혔다. 1947년부터 1958년까지 미국의 지식산업이 연평균 10.6%의 고도성장을 이룩하였는데, 이는 같은 기간 중 GNP 성장률의 2배가 넘는 수준이다.

포랫(Porat)은 정보부문을 1차 정보부문(민간 정보기업의 활동과 정부 부처 중 정보활동을 목적으로 하는 부문)과 2차 정보부문(민간 비 정보기업과 정부 부처 중 정보활동 자체가 목적이 아닌 부문에서, 정보활동과 관련된 것)으로 나누어 분석하였다.
포랫은 미국의 1967년 정보부문이, GNP에서 차지하는 비중을 분석하여 46.2%(1차 정보부문 25.1%, 2차 정보부문 21.1%)임을 발표하였다.

일본의 경우 정보부문이 GNP에서 차지하는 비중을 살펴보면, 1차 정보부문은 1960년 20.6%에서 -> 1980년 25%로 상승하였다. 이 기간에 2차 정보부문은 8.9%에서 -> 18.5%로 2배 이상 증가하였는데, 2차 정보부문이 성장한다는 것은 기업 내의 정보활동이 활발하다는 것을 뜻한다.

한국의 경우, 정보부문에 대한 거시 경제적 접근은 1982년 KAIST에서 처음 시도하였다.
정보산업이 GNP에서 차지하는 비중은 1970년 12.19%에서 -> 1973년 12.56%로 약간 높아졌다. 1975년 9.57% -> 1978년 10.70% -> 1980년 12.8% -> 1983년 14.0%로 지속해서 증가하는 추세를 보였다.

일본의 경우, 정보산업이 GNP에서 차지하는 비중이 1970년 15.60% -> 1975년 16.12% -> 1979년 17.57%로 지속해서 증가하는 추세를 보였다.

정보화 지수 접근법으로 본
지식정보사회 진입 시기

　정보화 지수 접근법은 정보화 수준을 알기 쉽도록 '지표'로 수치화하여, 국가·지역 또는 측정하고자 하는 부문에 대한 정보화 수준과 변화를 총체적으로 살펴보는 접근법이다. 세계 각국에서는 다양한 측면에서 정보화 지표를 개발하여 사용하고 있다.

　정보화 지표는 정보 설비·정보 이용·정보화 지원 지표 등 여러 가지 지표를 개발하고, 가중 평균하여 산정한다.
· 정보설비 지표는 스마트폰, TV, PC의 보급 대수
· 정보이용 지표는 팩스 이용자 및 인터넷, 스마트폰 가입자 수
· 정보화 지원 지표는 정보부문 관련 투자액 및 종사원 수 등을 측정
　한다.

　정보화 지수에 관한 최초의 연구는 일본의 하야시 유지로(林雄二浪)의 '정보화 사회'(1969)에서 찾을 수 있다. 정보화 지수 접근법은 유럽보다 주로 일본에서 연구한 접근법이다. 정보화 측정에 관한 연구는 각종 사회·경제적 지표를 분석함으로써 정보화 수준을 평가하는 방법까지 고안되었다.

　한국은 2010년, 유엔 전자정부 평가에서 192개 회원국 중 1위를 차지하였다. 이후, 현재까지 변함없이 최상위권을 유지하고 있다. ITU(국제전기통신연합)에서 발표하는 디지털 기회 지수(DOI)에서도 1위를 차지하여 한국은 명실공히 IT 강국임을 세계에서 인정받고 있다.

1980년대 초반 미국, 영국, 프랑스, 서독, 일본 등 주요 선진국의 정보
화 지수와 비교·분석하여 한국의 정보화 수준을 살펴보면 아래와 같다.

주요 선진국과 한국의 정보화 지수 비교

(단위 : 지수)

비 교 항 목	기준 연도	한 국	일 본	미국	서독	영국	프랑 스
1인당 국민소득	1980	100	531	758	868	606	799
3차 산업인구(비중)	1983	100	120	148	112	139	126
교육비 지출(대GNP 비중)	1980	100	140	158	109	133	119
고등교육재학(대인구비중)	1981	100	103	275	110	77	105
연구 개발비(대GNP 비중)	1983	100	220	259	104	233	194
과학기술자(대인구 비중)	1982	100	575	418	287	214	189
컴퓨터 보유(대인구 비중)	1980	100	764	3,457	1,200	1,007	1,679
라디오 보유(대인구 비중)	1982	100	161	494	91	228	198
TV 보유(대인구 비중)	1982	100	322	371	203	263	212
일간신문발행(대인구비중)	1982	100	299	140	213	219	99
서적출판(종)	1981	100	167	305	224	170	148
종 합 지 수	1980 -1983	100	323	626	331	313	361

컴퓨터와 혁신적인 IT 기술의 결합으로 지식정보사회의 진입 속도가
폭발적으로 빨라졌다.

1980년대 초반에는 정보화 수준을 측정할 수 있는 정교한 지표가 개
발되지 않았기 때문에, 당시 OECD는 정보화 수준 비교·분석 항목으로
1인당 국민소득, 컴퓨터 보유 대수, TV 보유 대수, 3차 산업인구 비중,
교육비 지출, 연구 개발비 등 총 11개 항목을 사용하였다.

1980년대 초반 주요 선진국과 한국의 정보화 수준을 비교·분석해 보면, 한국을 지수 100으로 보았을 때, 미국은 626, 프랑스 361, 서독 331, 일본 323, 영국 313으로 큰 차이가 있었음을 알 수 있다.

미국은 1955년, 일본은 1971년, 한국은 1993년에 지식정보사회에 진입 하였다. 우리나라는 1980년대 이후 매우 빠른 속도로 정보화 정책을 추진해 왔으나, 당시 후발주자로서 선진국과의 격차가 매우 컸음을 부인할 수 없다.

우리는 '산업화는 늦었지만, 정보화는 앞서가자'라는 전 국민적 컨센서스를 바탕으로 지식정보사회 조기 정착을 위하여 밤낮으로 달려왔다. 선진국의 정책 동향을 비교·분석하고 정보화 수준을 측정하기 위하여 정보화에 직·간접으로 영향을 미치는 요인들을 찾아내고, 정보화 기여도를 자세히 분석하였다. 이것은 실제로는 매우 어려운 작업이었고, 정보화 측정에는 한계가 있음을 인식하게 되었다.
또한, 우리 실정에 맞는 정책 방향을 찾아내기 위하여 끊임없이 미래를 예측하고, 글로벌 트랜드를 분석하면서 전 국민적 정보화 마인드 향상을 위하여 온갖 노력을 기울여 왔다. 그 결과 현재 IT 강국이라는 위치에 다가섰다.

지금 우리 앞에는 다시, 인공지능 혁명과 4차 산업혁명, 그린혁명, 인간혁명, 시간혁명이라는 거대한 변화가 놓여 있다. 이러한 변화들이 상호 연결되고, 융합되어 초유의 혁명 시대가 다가오고 있다.
현 좌표를 명확하게 재설정하고 어디로 가야 하는지, 그 길을 찾기 위하여 지도와 나침반을 마련하고, 목적지를 정확하게 찾아가야 할 때가 왔다.

4. 변곡점을 지나는
정보혁명의 현 좌표

　슘페터는 세계 경제의 역사적 흐름은 약 50년을 주기로, 과학기술과 산업 생산방식이 혁명적인 변화를 겪는다고 보았다.

　18세기 후반 산업혁명 이후, 기술경제 패러다임의 혁명적 변화로 볼 수 있는 4차례의 장기 파동이 있었다. 5차 파동은 지식·정보·서비스 등, 정보혁명을 기반으로 하는 소프트웨어 중심의 지식기반 경제로의 전환이다. 50년 주기의 파동이 최근, 30년 주기로 짧아지고 있는데, 이는 정보·지식·디지털 혁명에서 그 원인을 찾을 수 있다.

　슘페터는 혁명적 변화의 원인을 기술 혁신에서 찾았다.
- 1790년~1845년(1차) : 증기기관, 섬유, 운하건설
- 1845년~1895년(2차) : 철도, 도시, 상·하수도, 가스
- 1895년~1940년(3차) : 전자 산업, 화학 산업

- 1940년~1990년(4차) : 컴퓨터, 대중의 자동차 소유, 플라스틱
- 1990년~2020년(5차) : 인공지능, 생명공학, 나노 기술, 그린 IT, 신
   재생 에너지, 융·복합 산업

 옛날 인도에서 어떤 왕이 '인생이란 무엇인가'에 대한 답을 찾아오라고 신하들에게 명령하였다. 30년 후에 몇 명의 신하가 수십 필의 낙타 등에 세상에서 찾은 답을 싣고 국왕에게 찾아왔다. 그러나 이미 나이가 많이 든 왕은 "모두 읽을 힘이 없으니 더 간단하게 정리하라."라고 명령하였다. 신하들은 몇 년이 걸려 한 권의 책으로 정리해서 왕에게 다시, 찾아왔다. 늙어서 노쇠해진 왕은 "나는 이제 수명이 얼마 남지 않았으니, 이 한 권의 책도 읽을 시간이 없다. 인생이란 무엇인가? 한마디로 표현하라."라고 재촉하였다.
 신하들은 잠시 의논을 하고, 한 사람이 대표자가 되어 왕의 귓전에 대고 큰 소리로 말했다. "인생이란 태어나서, 늙고, 병들고, 죽어가는 것입니다." 왕은 빙그레 미소를 지으며 "그렇구나…"하고 숨을 거두었다.

 인생이란 무엇인가? 이와 같다. 과학기술과 산업, 생산방식의 혁명적 변화도 이와 같다. 순환의 네 걸음을 걷는 것이다. 새싹이 나서(생,生), 자라고(장,長), 열매를 맺고(염,薇), 역사의 무대 뒤로 쇠퇴해 가는(장,藏), 네 단계로 순환해 가는 것이다.
 포화상태에 다다른 세계 IT 산업이 성숙기를 지나서, 성장률의 둔화 현상을 보이는 정보혁명의 현 좌표도 이처럼 변곡점에 있다.

 한국은 1970년 농업 인구가 1,442만 명으로 전체 인구의 70%에 달했다. 2012년에 농업 인구는 297만 명으로 전체 인구의 6% 수준으로 줄어 들었고, 2022년에는 219만 명 수준으로 더 줄어들 것이다. 농업 인

구의 감소 추세는 나라마다 시기는 다를지라도 세계적으로 공통된 현상이다. 경제발전과 과학기술의 발전에 따라 일차 산업인 농업 인구가 줄어 들고 삼차 산업인 서비스업이 늘어나기 때문이다.

1776년 미국 독립 당시에는, 전체 미국인이 필요한 곡물과 면화를 생산하는데 노동력의 80%가 필요했지만, 오늘날 불과 2%만으로 가능하다. 이는 농업부문에서 각종 생산성 향상을 이룩한 덕분이다. 제조업의 종사자 수도 과학기술 발전과 자동화·정보화·기계화의 영향으로 점차 고용자 수가 줄어들고 있다. 무인 자율 자동차·선박·비행기가 운항하게 되면, 운전사·항해사·비행사에 대한 교육 서비스도 사라지게 될 것이다. 사라진 서비스. 이것이 인공지능혁명, 4차 산업혁명이다.

20세기 중반 미국에서 시작된 지식정보혁명의 거대한 소용돌이 속에서 전 세계적으로 IT 산업은 성장을 지속하였다. 이때, 미국은 전 세계 생산의 2분의 1을 차지하였다. 현재 세계 경제의 4분의 1을 차지하는 미국은 2018년 2.5% 정도 성장할 것이다. 2017년 미국의 IT 산업은 GDP의 10%에도 미치지 못하고 있다. 전체 고용에서 차지하는 비중도 5%에 미달하는 것으로 나타났다. 정보혁명이 변곡점을 지나 새로운 혁명이 다가오고 있다.

한국의 IT 산업도 80년대와 90년대 높은 성장률을 나타냈다. 국민경제의 성장을 주도하는 국가주력 사업으로 부상하고, 수출 확대로 IMF 경제위기 극복에 결정적으로 이바지하였다. 2000년대에 들어와서 국내·외 통신 시장의 성숙과 IT 산업 가치사슬 변화로 성장률이 둔화하고 있다. IT 산업이 성숙기를 지나서 성장률이 둔화하고, GDP에서 차지하는 비중이 감소하고 있는 것은 세계적인 현상이다.

IT 산업의 대 GDP 비중 감소 추세

· 1995년 5.7% -> 1998년 9.5% -> 2002년 11.1% -> 2004년 14.2%
-> 2005년 15.2% -> 2006년 16.2%로 IT 산업의 대 GDP 비중은
지속해서 증가 추세를 보였으나,
· 2007년 6.9%로 감소한 이후, IT 산업의 대 GDP 비중이 지속해서 감
소하는 추세를 보인다. 방송·통신 서비스 시장의 포화와 중국과 인도
등 신흥국의 글로벌 IT 시장 진출로 인하여 경쟁이 심화하고, IT 산
업은 세계적으로 성장이 정체되고 있다.

IT 산업 성장률 둔화 추세

· 1995년~2001년 : 연평균 26.7% 성장
· 2002년~2006년 : 연평균 15.22% 성장
· 2007년~2010년 : 연평균 10.76% 성장
· 2011년 : 8.9%로 감소
한국 IT 산업은 1995년~2001년까지 연평균 26.7%의 높은 성장률을
보였으나, 2011년 8.9%로 성장률 둔화 현상이 나타나 이후, 지속하
여 성장률이 둔화하는 추세를 보인다.

IT 산업의 GDP에 대한 성장 기여율 감소 추세

· 1991년 : 3.6%
· 2000년~2002년 : 연평균 16.4%
· 2003년~2005년 : 연평균 29.5%(2003년 33.1%, 2004년 29.2%,
                                2005년 26.2%)
· 2006년~2008년 : 연평균 22.6%

　IT 산업의 GDP에 대한 성장 기여율은 2003년 33.1%, 2004년
29.2%, 2005년 26.2%를 정점으로 GDP에 대한 성장 기여율이 감소
하는 추세를 나타내고 있다.

IT 산업 활용도 하락 추세

· 1995년 6.4% 수준에서
· 1997년 8.0%로 상승하였으나
· 2000년 10%를 정점으로 IT 산업 활용도가 하락 추세를 나타내고 있
  다. 2000년을 정점으로 IT 활용도가 하락하는 것은 IT 부문을 포함
  한 대부분 산업에서 공통으로 나타나고 있는 현상이다.

세계 IT 시장 성장률 감소 추세

시장 조사기관 가트너의 조사결과를 보면, 2012년도 전 세계 IT 시장은 2011년도보다 3.7% 늘어난 3조 8,000억 달러였다. 가트너는 전 세계 IT 시장 성장률은 2007년 8%를 정점으로 -> 2008년 5.5% -> 2009년 5.2% -> 2010년 3.1%로 세계 IT 시장 성장률이 지속해서 감소 추세를 보인다고 발표하였다.

3 장

갤브레이스가 본
불확실성

1. 갤브레이스가 본
불확실성

　비트코인의 광풍이 불고 있다. 블록체인 기술에 기반을 둔 가상화폐인 비트코인이 세상에 처음 알려진 것은 2008.10.31일이었다. 자신을 나카모토 사토시라 자칭하는 프로그래머가 암호 전문가들에게 메일을 보냈다. "금융기관의 개입 없이도 전자화폐로 개인 간(P2P) 온라인 거래를 할 수 있다." 2010.5.22일 비트코인으로 처음 거래(피자 2판이 1만 비트코인으로 거래)가 이루어졌다.

　2008년 리먼 브러더스의 파산으로 시작된 금융위기에, 미국 정부가 월가에 막대한 구제 금융을 투입하자, '1대 99'라는 구호로 월가 시위가 시작되었다. 집중화된 금융회사와 거래소(중개기관) 없이 분산된 개인(블록)들을 연결하여 온라인 거래가 이루어지는 것은 1차 세계대전 이후, 100년간 이룩한 경제적 시스템이 갑자기 무너져 버리는 것이다. 그 자리에서 초불확실성의 시대가 시작되었다. 지나온 시대에 확고하게 믿어왔던 단단한 대지가 갈라지고 사라져가는 것이 초불확실성의 시대다.

'불확실성의 시대'는 갤브레이스가 1973년 영국 BBC 방송에서 세계 경제사를 알려지지 않은 관점에서 방송한 프로그램을 토대로 집필한 책이다. 그는 이 방송을 맡으면서 제목을 미리 '불확실성의 시대'로 정해두었다. 우선 어감이 좋았고 사고의 장이 제한되지 않으면서도 기본적인 주제를 명확하게 전달할 수 있었다. 지나온 시대에 확고하게 믿었던 세계경제사의 확실성을, 온갖 문제가 직면하고 있는 현대 사회의 불확실성과 대비하여 말하면 시청자들이 쉽게 이해하였다.

지난 시대에는 자본가는 자본주의 번영에, 사회주의자나 제국주의자는 각각 사회주의, 제국주의의 성공에 확신이 있었다. 지배계급은 스스로가 지배자로 운명 지어져 있다고 믿었다. 산업혁명 이전의 시대는 압도적으로 농촌 풍경이었고, 일하는 사람은 거의 모두 농업에 종사하고 있었다. 권력은 지배자로부터 지주로, 지주로부터 농업 노동자에게로 흘러갔다. 권력이 위로부터 아래로 내려온 것과 반대로 그것에 의해서 얻어진 소득은 아래에서 위로 거슬러 올라갔다. 이것은 그 시대에 거부할 수 없는 원칙이었다.

흔히 히틀러와 파시즘과 제국주의에 종말이 찾아오고, 현대사의 큰 전환점이 된 것이 제2차 세계대전이었다고 생각하였다. 그러나 세계사에서 가장 결정적인 변화는 제1차 세계대전과 함께 일어났다. 제1차 세계대전을 계기로 몇 세기에 걸쳐 이룩한 정치적·사회적 제도가 갑자기 무너져 버렸고, 오랫동안 확실하다고 생각한 것들을 잃어버린 것은 제1차 세계대전을 통해서였다.

제1차 세계대전은 인류 역사상 최악의 전쟁으로 평가받는다. 1914년 6월 28일 러시아의 지원을 받아 발칸반도에서 세력을 확장해가던 세르

비아계의 한 청년이 보스니아 사라예보에서 오스트리아 황태자 페르디난트 부부를 총으로 살해한 것이 전쟁 발발의 직접적 계기가 되었다.

19세기 말 산업 생산량이 급증한 영국과 러시아·프랑스는 삼국 협상이라는 협력 체제를 구축하고 아시아와 아프리카 등지에서 식민지 경쟁을 벌여 나갔다. 1871년 통일 후 급격히 세력을 확장해 나가던 신흥 강국 독일이 오스트리아·이탈리아와 손잡고 삼국 동맹을 출범시키며 부딪치게 되자 유럽은 전쟁의 소용돌이에 빠지게 된 것이다.

제1차 세계대전은 영국·프랑스·벨기에·세르비아·러시아·이탈리아·포르투갈·브라질 등 연합국과 독일·오스트리아·헝가리·불가리아·오스만 제국 등 동맹국 간에 총 3,770만 명의 사상자가 발생한 참혹한 전쟁이었다. 4년 4개월 14일에 걸친 전쟁은 1918년 11월 11일 끝났다.

전쟁의 결과는 참혹하였고 세계의 모든 것이 급변하게 되었다. 그때까지 귀족이나 자본가, 사회주의자는 자신들의 신념을 확신하고 있었지만 모든 것이 한꺼번에 무너져 버렸다. 그 자리에서 '불확실성의 시대'가 시작되었다.

이 무렵 최대 공업국이었던 미국에서도 노동자 정당은 존재하지 않았다. 1914년에 영국을 제외한 모든 국가에서, 농민이나 소작인의 수가 공업 노동자 수보다 많았다. 당시 식민지를 지배하였던 제국주의는 아시아·아프리카·라틴 아메리카에 대한 백인의 지배를 의미했다. 영국이 인도를, 미국이 필리핀을, 포르투갈이 앙골라·모잠비크를, 오스트리아가 보헤미안·슬로바키아를, 러시아가 라트비아·핀란드를 지배하고 있었다.

최초의 경제학자라 할 수 있는 애덤 스미스는 스코틀랜드인이었다. 1765년에 프랑스를 여행한 그는 모든 부는 농업에서 생겨나며, 농업이야말로 모든 부의 원천이라 주장하는 중농주의자였다. 1776년에 <제국민의 부의 성질과 원인에 관한 연구>를 출간하였다. 국민의 부는 시민한 사람 한 사람이 각자의 이익을 진지하게 추구하는 것으로부터 생기는 것이며, 각 개인이 자신의 이익을 도모할 때, '보이지 않는 손'에 의해서 사회 전반의 이익에 이바지하게 된다. 눈에 보이지만 부적절하고 또 수탈 적인 국가의 손보다 그처럼 보이지 않는 손이 차라리 낫다고 그는 믿었다.

스미스는 국민의 부는 이기심의 추구와 더불어 분업에 의해서도 증가하게 된다고 하였다. 헨리 포드는 20세기 초, 노동 생산성의 비약적인 발전을 가져온 조립 공정을 자동차 생산에 적용하였다. 이른바 시간연구·동작연구인 것이다. 이것이 의미하는 바는 바로 인간이 생산·조립 공정의 도구라는 인식이다. 이러한 인식은 20세기 후반, 산업사회에서 인간 소외의 문제와 노동에서 인간의 해방이라는 격렬한 투쟁을 촉발하게 되었다.

산업혁명은 갑자기 일어난 것이 아니다. 스미스가 생존할 당시, 그가 자기의 눈으로 실제 확인이 가능한 그러한 느린 혁명이었다. 스미스가 죽을 무렵, 잉글랜드나 스코틀랜드에서는 그가 자신의 책에 언급한 변화가 뚜렷하게 눈에 띄었다. 게다가 그 변화는 도시와 농촌을 구분하지 않았다.

맬서스는 <인구론>에서 인구 폭발의 문제를 언급하였다. 맬서스는 인구는 언제나 기하급수적(2, 4, 8, 16…)으로 늘어나는데, 식량 공급은 언제나 산술급수적(2, 3, 4, 5…)으로 늘어난다. 그러므로 필연적으로 인구는 기아나 전쟁, 자연재해와 같은 정기적으로 일어나는 무시무시한 방법에 따라 억제될 수밖에 없다고 하였다.

맬서스는 인류는 수입 전부를 사용하지 않는 예도 있는데 그로 인하여 구매력의 부족이 일어나며 이런 경우, 경제가 수시로 주춤거려 파탄에 빠질 우려도 있다고 보았다. 구매력 부족으로 불황이 생겨날 수도 있다는 주장은 20세기 초 케인스에 의하여 받아들여졌다. 가장 긴급을 요하는 정부의 과제는 구매력 부족을 보충하는 것이며, 과잉 저축을 상쇄하는 것이다.

맬서스가 말하는 최악의 사태는 서서히 도래하는 것이 아니다. 역사상 인도나 방글라데시가 겪은 바와 같이, 무엇인가 잘못되어가고 있을 때 갑자기 엄습해 오는 것이다. 이들 나라의 경우, 폭우가 그 계기가 되었다. 1845년~1847년의 아일랜드는 고온다습한 아일랜드의 기후가 원인으로, 역병균이 갑자기 발생하여 농작물의 수확에 타격을 주었다. 인도에서는 한파와 홍수가 원인이 되었다.

스미스나 리카도는 공장·기계·토지 등 생산을 위하여 인간이 사유하는 경제사회를 자연의 이치로 인정하였다. 마르크스는 이에 대해 중대한 이의를 제기하였다. 런던의 하이게이트 묘지에 1883.3.17일 매장된 그는 혁명가로서 세계에 이름을 떨쳤다. 1917년 소련에서 일어난 소비에트혁명을 비롯하여 거의 100년 동안 세계 곳곳에서 일어난 혁명에는 그의 이름이 달렸다.

갤브레이스는, "지적 생산은 물적 생산이 변화하는 데 비례하여 그 성격을 바꾸어 간다. 각 시대의 지배적인 사상은 언제나 지배 계급의 사상에 지나지 않았다"라는 마르크스의 말에 동의하였다. 오히려 사상이 그 시대의 경제적 이익집단에 영합하는 경향을 보인다는 주장은 확고한 사회적 진리이자 특히, 경제적 진리이며 이보다 확실하게 사상의 특성을 나타내는 말은 없다고 하였다.

1929년~1933년에 미국 은행의 3분의 1에 해당하는 9,000개의 은행이 도산했다. 1933년 6월에는 미국의 전 은행이 폐쇄되었다. 수중에 있는 소액을 제외한 화폐의 유통은 완전히 정지되었다. 제1차 세계대전 후, 수년간 농산물과 농업용 부동산에 대한 열띤 투기가 있었다. 이것이 1919년~1920년에 호황을 가져왔다. 이어 1920년~1921년에는 파국이 엄습했다.

　1970년대 석유파동, 1990년 독일의 통일, 1991년 소련의 붕괴, 1997년 IMF 사태, 2008년 미국발 세계 금융위기, 그리고 21세기라는 케이크의 다섯 조각 중 한 조각을 먹은 지금. 다시, 난세.

　제1차 세계대전 이전의 세계사적 변화를, 역사가들은 항상 연쇄반응이라는 말로 설명한다. 그러나 연쇄반응의 과정은 예측할 수 있으며, 결과는 이미 알 수 있다. 인공지능과 제4차 산업혁명, 초연결된 사물 인터넷과 블록체인 기술, 지식정보혁명이 일상화되고 고도화된 현시점이야말로 역사가 연쇄적으로 반응한다는 순차적이고 시계열적인 시각으로는 전체를 이해할 수 없다.

　세상은 엔트로피(무질서)가 폭발적으로 증가하는 초불확실성의 사회로 가고 있다. 갤브레이스가 이야기한 '불확실성의 시대'가 우발·단절·다차원적으로 진화하여 초불확실성의 시대가 시작되고 있다.

2. 초불확실성의
시대

 세상이 온통 안개 속이며 불확실하다. 변화가 극심하여 미래를 예측할 수 없는 현대사회를 우리는 초불확실성의 시대라고 한다. 2012.4.30. 구글 이미지 검색에서 '불확실성'을 검색했더니, 7,410만 건이 검색 되었다. 현대가 불확실하다는 확실한 지표다. 초불확실성의 시대만큼 이 시대를 잘 표현하는 말은 없다.

 1929년 세계 대공황 이후 80년 만에, 세계는 2008년 사상 초유의 금융 위기를 맞아 혼돈의 세계를 경험하였다.
 <금융 내전>의 저자인 리차이위안은 2008년의 금융위기는 300년 만의 최악의 사태로, 영국의 산업혁명 이후 구축해온 시장경제와 기존 경제 이론을 근본적으로 뒤흔들고 변화시켰다고 하였다. 2011년 영국 중앙은행이 기준금리를 1.5%로 하향 조정하였는데, 이는 1694년 중앙은행

탄생 이후 가장 낮은 수치로 300년 만의 최악의 위기가, 300년 만의 최저금리를 탄생시킨 점을 그 근거로 들고 있다.

2001년 뉴욕 한복판에서 9.11테러로 3,500명의 사망자와 현장에서 1만 명의 중증 질환자가 발생하였다. 2004년 인도네시아에서 지진과 쓰나미로 23만 명의 사망자가 발생하였다. 2011년 3월 동일본에서 발생한 진도 9.0의 대지진과 쓰나미로 2만 명의 사망자가 발생하였다. 후쿠시마 원전사고 발생 여파로 일본 국민은 정부를 믿지 못하고, 일본과 세계는 잠시 공황상태에 빠졌다.

북한의 핵과 ICBM(대륙간탄도미사일) 개발·실전 배치로 북한과 미국은 공포의 <핵 단추> 위협 경주를 가속함으로써 한반도의 긴장 상태는 더욱 고조되고 있다. 1962년 쿠바 미사일 위기로 미국과 소련이 핵전쟁 발발 직전까지 가는 것을 지켜보았던 세계는 더욱 우려의 목소리를 높이고 있다.
우리의 삶과 세상을 완전히 바꾸어 놓은 '블랙스완'과 같은 위기는 아무도 사전에 예측하지 못하였다. 미래에도 이러한 충격적인 변화는 아무도 예측하지 못하는 순간에 일어날 것이다.

디지털 지식정보 저장용량은 2002년, 유사 이래 쌓아온 아날로그 지식정보 저장용량을 넘어섰고, 디지털 시대가 도래하였다. 미국 서던캘리포니아대학 연구진은 2007년 현재 디지털과 아날로그 방식을 합친 인류의 정보처리 능력은 295 헥사(295×10의 20²) 바이트라고 발표하였다. 전 세계 모래알 수의 315배의 수치다. 2030년, 인류는 모든 정보 총량의 합이 3일마다 2배가 되는 세상에서 살아가게 될 것이다.

1980년대 미래학자 레이 커즈와일이 "인공지능 시대가 온다."라고 말했을 때 사람들은 그를 미치광이라 했다. 1980년대 '인터넷'이라는 웹 기술을 이야기했을 때, 아무도 믿지 않았다.

기술혁신은 진화과정을 거치며 혁신을 거듭하고 속도를 따라잡을 수 없을 정도다. 구텐베르크의 인쇄술, 자동차의 발명이 보편화하는데 70년이 걸렸다. 휴대전화의 보편화는 7년이 걸렸다. 인공지능과 기계의 융합시대는 초고속으로 다가오고 있다.

NASA의 데니스 부시넬은 "현재의 인류는 다른 어느 진화보다 빠른 1000배의 속도로 진화하고 있다. 그 1000배 진화의 증거는 인간게놈 지도가 그려지고, 인공지능, 나노, 기후산업 기술이 발달하고 있으며, 실리콘 분자, 콴텀, 바이오 옵티칼, 무인 자율기술의 초고속 진화에서 찾을 수 있다"라고 말했다.

21세기는 명실공히 기하급수적으로 증가하는 디지털 정보시대로, 철학과 종교, 과학과 기술이 서로 융합하고 복합·상생하여, 불확실성은 더욱 증대할 것이다. 디지털의 특성상, 가상현실(VR)·증강현실(AR)이 현실세계와 융·복합해 나가고, 인공지능이 인간의 능력을 넘어서는 싱귤래러티, 특이점을 지나게 된다. 인공지능이 인공지능을 만들어 내는 인공지능 혁명과 기후변화로 인한 티핑포인터에 다가서게 된다.

프랑스의 막스 갈로는 이 시대의 핵심은 '세계화와 카오스'라고 말했다. 루트비히 비트겐슈타인은 "확실성이란 새로운 대안을 상상할 수 없게 만드는 닫힌 공간"이라고 하였다.

찾아가면 언제나 그 자리에 있던, '물레방아 돌고 도는 내 고향 정든 땅'은 이제 어느 곳에서도 찾을 수 없다. <렉서스와 올리브 나무>를 쓴 토머스 프리드먼이 말한 대로 "올리브 나무는 사라진 것"이다.

4 장

초유의 시대

1. 초유의 시대

　지금은 초유의 시대다. 초불확실성의 시대다. 초불확실성의 시대만큼
이 시대를 잘 표현하는 말은 없다. 초연결의 시대다. 초고령화·초저출산
시대다. 초고령화 사회 진입에 프랑스는 154년, 한국은 26년 걸린다.
2017년 출산율은 1.06명이다. 현생 인류가 전체 역사에서 살다간 인간
모두의 평균 수명은 18세였다. '타임'은 오늘 태어난 아기는 142세까지
살 것이라고 보도하였다.

　초격차 시대다. 산업혁명으로 1820년 세계는 지배국과 식민지로 갈라
졌다. 4차 산업혁명으로 200년 만에 세계는 다시 패권국과 약소국으로
갈라지는 대분기점에 다가서고 있다.
　초기후변화 시대다. 유엔 산하 기후변화에 관한 정부 간 협의체는 21
세기 말까지 지구 온도 6.4도 상승, 해수면 59㎝ 상승을 예측하였다.
세계 195개국이 2015년 12월 21일 파리에서 모든 국가가 이행하여야
할 강제력이 있는 '기후변화 협정'을 체결하였다. 이 협정은 나고야의정

서가 만료되는 2020년부터 적용될 것이다.

1968년 이탈리아의 아우렐리오 페체이의 주도로 결성된 로마클럽은 1972년 인구, 식량자원, 천연자원, 산업발전, 오염이라는 다섯 가지 요소를 기반으로 지구의 미래를 예측한 보고서인 <성장의 한계>를 발표하였다.

그레이엄 터너는 2008년, 1970년부터 2000년까지 30년간의 데이터를 기반으로 이 보고서를 검증한 결과, 로마클럽의 시뮬레이션 예측모델이 맞았음을 인정하였다. 터너는 인류의 무자비한 소비가 자원 고갈과 오염 증가로 이어져 21세기가 끝나기 전에 세계는 파멸하고 붕괴한다는 시나리오가 가장 현실과 닮은 것으로 분석하였다.

<렉서스와 올리브 나무>를 쓴 토머스 프리드먼은 미래에 가장 중요한 직업은 전략가와 저널리스트라고 하였다. 전략이라는 단어 'strategy'는 그리스어 'Strategos'에서 유래하였다. 삶은 끊임없는 전쟁과 충돌의 연속이다. 세상의 모든 전략은 전쟁터에서 태어났다.

하버드 대학교에서는 역사상 최고의 전략가로 손자와 미야모토 무사시를 들고 경영대학원에서 손자와 미야모토 무사시를 강의하고 있다.

손자는 중국 춘추시대 말기 제나라 사람이다. "적을 알고 나를 알면 백 번 싸워도 위태롭지 아니하다. 적을 알지 못하고 나를 알면 한 번 이기고 한 번 진다. 적을 알지 못하면서 또한 나도 알지 못하면 반드시 매번 위태롭다." "싸우지 않고 이기는 것이 최선의 전략이다."라고 말하는 손자병법은 1편 시계에서 13편 용간까지 13편으로 이루어져 있다.

미야모토 무사시는 <공·지·수·화·풍의 권> 5권을 쓴 일본 전국시대 불패의 검객이다. 생전 60여 회의 목숨을 건 진검승부에서 한 번도 패한 적이 없는 미야모토 무사시는 긴 칼과 짧은 칼을 동시에 사용하는 자신만의 검법인 '니텐이치류'를 창시하였다. 나는 이 니텐이치류를 <쌍칼 중도검법>이라 부른다. 긴 칼과 짧은 칼을 동시에 쓰기도 하고, 동시에 쓰지 않기도 하며, 목검을 쓰기도 하고, 상황에 따라 무기의 종류에 연연하지 않기 때문에 중도검법이기도 하다.

초유의 시대다. 이전에는 들어 본 적도 없고 있어 본 적도 없는 일들이 우발적이고 단절적이며 다차원으로 일어나는 시대이다. 초유의 시대에는 스스로 질문하는 능력이 중요한 시대이다. 이러한 시대는 검색에서는 답을 찾을 수가 없다. 스스로 질문해야 한다. 자신의 질문이 자신의 답을 찾아낸다. 좋은 질문이 좋은 답을 찾아낸다.

20세기 중반 미국에서 시작된 정보혁명이 변곡점을 지나, 기하급수적인 변화 속에서 새로운 혁명이 다가오고 있다. 숨 가쁜 인공지능혁명, 자동화·지능화 기술의 융합과 초연결의 4차 산업혁명. 기후변화 티핑포인터로 인한 그린혁명. 한정된 외부 자원의 제약 속에서, 인간의 무한한 내적 자원을 끌어내는 인간혁명. 그리고 유한한 자원인 시간이 최고의 가치가 되는 시간혁명. 유전자 편집기술로 인한 바이오 혁명. 이러한 변화들이 상호 연결되고, 융합되어 초유의 혁명이 다가오고 있다. 이러한 초유의 혁명으로 200년 만에 세계는 다시, 패권국과 약소국으로 갈라지는 대분기점에 다가서고 있다.

혁명이란 급격한 변화가 일어나는 일이다. 하나의 예를 들면, 무인 자율 자동차·선박·비행기가 운항을 시작하게 되면 운전석이 없는 자동차로 자동차 설계가 바뀔 것이다. 선박과 비행기도 마찬가지다. 운전사·항해사·비행사에 대한 교육 서비스도 사라지게 될 것이다. 사라져 가는 시대. 이것이 인공지능혁명, 4차 산업혁명이다.

산업혁명의 물결을 인식하지 못하고 나라마저 **빼앗겼던** 구한말, 한반도는 난세였다. '산업화는 늦었지만, 정보화는 앞서가자'라고 밤낮을 달려서 여기까지 왔다.

이제, 새로운 혁명이 다가오고 있다. 이것은 소리 없는 혁명이며, 보이지 않는 혁명이다. 귀 기울여 들어야 하고, 마음의 눈을 뜨고 보아야 하는 혁명이다.

어디로 가야 하는지를 알기 위해서는 어디서 왔는지, 지금 어디에 서 있는지 정확히 알아야 한다. 어디서 왔는지를 아는 것이 역사라는 거울이다. 지금 어디에 서 있는지를 아는 것이 자기를 비추는 거울이다. 우리는 어디에 서 있는가?

북극점에 서 있다면 앞으로 가든지, 뒤로 가든지, 옆으로 가든지 모든 쪽이 남쪽이다. 남산을 바라보고 뒤쪽은 북쪽, 왼쪽은 동쪽, 오른쪽은 서쪽이라는 말은 서울에서만 맞는 말이다.

2개의 거울을 바라보고 하나의 지도, 미래지도를 그려야 할 때이다. 어디로 가야 할지 모를 때는 더 먼 곳을 바라보면 가까이 있는 곳은 더욱 선명하게 보일 것이다. 자기만의 쌍칼 중도검법을 창시하고, 자기만의 길을 가야 할 때이다.

21세기 인류는 인공지능이 인간의 능력을 넘어서는 싱귤래러티, 특이점을 지나게 되고, 기후변화로 인한 티핑포인터에 다가서게 된다. 21세기 인류는 ① 인간과 자연의 화해 ② 종교와 종교 간의 화해 ③ 지식과 삶의 화해라는 세 가지 과제를 해결해 나가야 한다.

2. 지구 생물의 99.9913%는 멸종했다

지구는 약 46억 년 전에 탄생했다. 지구상에 최초의 생명이 탄생한 흔적은 약 37억 년 전이다. 최초의 생명이 탄생하고, 지금까지 약 1,000억 개의 종이 태어났다. 그중 현재까지 살아있는 생물 종들은 약 870만 종이다. 멸종해가는 생물 종들 중 살아있는 것은 0.0087%. 37억 년의 세월에 99.9913%가 멸종하였다.

37억 년 전 지구상에 생물이 출현한 이후, 생물의 절반 혹은 그 이상이 멸종한 시기가 최소한 다섯 번 있었다. ① 4억 4,000만 년 전 오르도비스기 ② 3억 6,500만 년 전 데본기 ③ 2억 4,500만 년 전 페름기 ④ 2억 1,000만 년 전 트라이아스기 ⑤ 6,600만 년 전 백악기의 말기다. 멸종원인은 기후패턴을 바꾼 주요 화산 활동, 태양복사 에너지의 불규칙성, 운석 충돌 등이다. 지구상에 제6의 생물 대멸종이 다가오고 있다. 산업혁명 이후, 화석연료 사용 등 인간 활동으로 인한 기후변화가 제6의 생물 대멸종 원인이 될 것이다.

지난 40년간 창업한 기업 중 살아남은 기업은 0.02%이다. 99.98%가 도중에 파산했다. 지난 40년 동안 세계 100대 기업의 생존율은 10%에 미치지 못한다. 기업의 생존율이 낮은 이유는 변화하는 환경을 예측하지 못하고, 그에 적절히 대응해 나가지 못한데 그 원인이 있다. 변화하는 세상에 맞춰서 혁신해 나가지 않으면 생존할 수 없다.

1900년대에는 1년에 걸쳐 발달하고 변화했던 과학기술이 2015년에는 1주일 만에, 2025년에는 2~3일 만에 바뀐다. 인공지능이 인간의 능력을 넘어서는 시기가 곧 도래할 것이다.

인류는 12,000년 전 수렵채집 생활을 벗어나 농경사회에 진입했다. 18세기 후반 영국에서 시작된 산업혁명, 20세기 중반 미국에 시작된 지식정보혁명을 지나 이제 우리는 어디로 가야 하나?

세상은 적응할 틈도 없이 급격하게 변화하고, 그 변화의 방향도 예측하기 힘들다. 누구도 자신에게 가로놓인 운명을 내다볼 수 없는 세상이다. 한 설문조사에 의하면 직장인 남녀의 60%, 대학생의 절반이 점을 본 경험이 있다고 응답하였다. 2018년 현재, 무당·점쟁이 수가 100만 명이다.

초불확실성의 시대에 빛의 속도로 변해가는 미래에 대한 예측은 필수다. 미래 예측은 앞이 보이지 않는 안개 자욱한 글로벌 전쟁터에서 생존해 나가는 데 그 목적이 있다. 인간의 욕망에 바탕을 두고 있는 미래 예측은 피해갈 수 없는 거대한 산업으로 성장하고 있다.

3. 복잡성과
시간의 화살

엔트로피란 원자의 분산 상태를 말한다. 볼츠만에 의하면 원자의 움직임은 시간의 화살을 낳는다고 한다. '시간과 더불어 복잡성은 증대한다'는 것이 엔트로피 증대의 법칙이다. 이것은 '에너지를 주고받을 때 일부가 열로써 없어진다'는 열역학 제2의 법칙과 상응한다.

에너지 보존의 법칙을 열역학 제1의 법칙이라고 한다면, 엔트로피는 열역학 제2의 법칙이다.

세상의 움직임은 열역학 제2의 법칙에 의해서 더 복잡해지고, 더 불확실해지고, 더 무질서해지는 방향으로 움직인다. 우주의 엔트로피는 자연의 모든 과정에서 증가한다.

엔트로피의 증가는 사용 가능한 에너지의 감소를 의미한다. 환경오염은 엔트로피에 의한 무질서의 증가를 뜻한다.

시간은 왜 한 방향으로만 흐르는가? 시간의 불가역성은 열역학 제2의 법칙 때문이다.

 우주의 운행도 역시, 항상 엔트로피가 증가하는 방향으로 흐른다. 결국에는 엔트로피가 최대가 되는 지점에 도달하게 될 것이다. 이렇게 완전히 무질서가 된 우주에서는 어떠한 에너지의 흐름도 사라지고 우주의 열사망에 도달하게 된다.
 복잡성과 시간의 화살에 따라, 미래는 더욱 불확정적이며, 불확실하게 되는 것이다. 복잡성은 증가해 가고, 세상은 안개 속이며 불확실하다. 변화가 극심하여 미래를 예측할 수 없는 현대사회를 우리는 '초불확실성의 시대'라고 한다.

4. 우발성이
지배하는 세계

　세계 금융위기가 한창이던 2008년, CIA·FBI 등 미국 16개 정보기관을 총괄하는 국가정보국장(DNI) 산하 국가정보위원회(NIC)는 예측할 수 없는 불확실성의 시대에 대처하기 위하여 2025년 전후의 미래 트랜드를 분석한 보고서를 발표하였다.

　이 보고서는 미국 정부 기관은 물론 전 세계 학계, 주요 싱크탱크, 전문기관 등 광범위한 연구 집단이 3년간 작업한 결과를 발표한 것이다. 이 보고서는 '대변혁 이후의 세계(A Transformed World)'라는 부제를 달고 있는데, 2025년까지 글로벌 트랜드를 만들어 나갈 주요 요인과 결과를 규명하고 있다.

　미국 국가정보위원회는 최근 미래학자들과 함께 <유엔 미래 보고서 2040>을 발간하였다. 이 보고서는 "현재 일자리의 80%가 인공지능에 의해 완전히 대체 될 것"이라 발표했다.

미국 국가정보위원회는 <글로벌 트랜드 2010>, <글로벌 트랜드 2015>, <글로벌 트랜드 2020>, <글로벌 트랜드 2025> 등 5년마다 보고서를 발간하고 있다.

앞서 발간한 보고서들의 장점을 살리고 절차를 보완하면서, 미국 정부에 속하지 않은 세계의 석학들을 대거 참여시키고, 인터넷을 활용하거나, 미국과 해외에서 개최한 토론회에 수백 명의 세계 최고 전문가들을 동원하여 좀 더 설득력 있는 보고서를 내놓으려는 노력을 계속하고 있다.

미국 국가정보위원회가 <글로벌 트랜드 2025> 보고서 전반에서 분명히 지적했듯이 향후 10년~20년 동안 세계정세는 확실성보다는 우발성을 더 많이 내포하고 있다. 미국뿐만 아니라 세계의 모든 이해관계자는 과거에는 듣지도 보지도 못한 충격들이 우발적으로 일어나는 것을 보게 될 것이다. 미국은 다른 나라와 달리 그러한 충격들을 잘 흡수해 나가겠지만, 미국의 운명 역시 글로벌 시스템 전체의 대처 능력에 달려있다.

하지만 현재의 글로벌 시스템은 우발적 충격에 대처할 능력뿐만 아니라, 기후변화·에너지 안보·증가하는 지역분쟁 등 모든 문제에 취약하고 준비가 덜 된 것으로 판단된다.

우발적으로 발생하는 일들은 특성상 예상하기가 쉽지 않지만, 시나리오를 통해 가능한 대안적 미래를 그릴 수 있고, 각각의 시나리오들은 미국의 역할에 변화가 일어날 수도 있다는 것을 보여준다.

이 시나리오(국제정치에서 '서구가 배제된 사회', 에너지·식량·자원 분야에서의 '쇼크', 꺼지지 않는 갈등의 불씨 'BRICS 간의 갈등', 지역분쟁에서 불완전한 변화, 국제 시스템에서 '정치는 국내에서만 하는 것이 아니다.')들은 우발성이 지배하는 불확실한 미래를 잘 나타내 주고 있다.

보고서는 전반적으로 인간의 행위가 결과를 결정하는 핵심적인 요인이며, 지난 100년의 역사를 통틀어 최대의 게임 체인저(판도를 바꾸는 혁신을 일으키는 사람 또는 사물)는 지도자들이거나, 긍정적이든 부정적이든 그들의 생각이었다고 결론지었다.

지도자들은 앞으로의 10년~20년 동안 개인적으로 또는 집단으로 발전 방향을 정하고 긍정적인 결과를 확보하는데 결정적인 요소로 작용할 것이다. 글로벌 리더십과 협력은 세계적 도전 과제들을 해결하고 이들을 둘러싼 복잡다단함을 이해하는 데 꼭 필요하다. 결론적으로 지도자들의 리더십이 가장 중요한 것이다.

세계는 끊임없이 변화에 변화를 거듭하고 있다. 10년 이상의 장기적인 관점에서 바라보면 변화의 큰 흐름을 읽을 수 있다. 미래는 변화를 잘 알고 대비하는 개인·기업·국가만이 성공을 거머쥘 수 있다.

미국의 미래연구소처럼 현대사회에서 일어나는 거대한 시대적 조류를 예측하고 알려 주는 메가트랜드 전문가가 우리에게도 절실하다. 물론 정확한 예측은 불가능할 것이다. 하지만 현재 상황에서 좀 더 가능하고 그럴듯하며, 개연성이 높은 미래를 예측하는 것은 가능하다. 불확실한 미래에 나침반 역할을 해줄 글로벌 메가트랜드를 알면 초불확실성의 시대에 승리의 길로 들어가는 토대가 될 것이다.

5 장

혁명적 변화를
가져온
사회적 기술

1. 혁명적 변화를
가져온
사회적 기술

  <제3의 물결>을 쓴 앨빈 토플러는, 인류는 제1의 물결-농업혁명, 제2의 물결-산업혁명, 제3의 물결-지식정보혁명이라는 혁명적 변화를 경험하였다고 보았다.

  인류사회의 발전과정을 보면 사회를 근본적으로 변혁시키는 혁신적인 기술군이 존재하였다. 이러한 혁신적인 기술군을 총칭해서 '사회적 기술'이라 한다. 수렵기술·농업기술·공업기술·정보기술로 구분되는 사회적 기술이 시스템 혁신과 역사발전의 추진력이 되어왔다.

  사회적 기술에는 4가지 특징이 있다.

① 수많은 종류의 혁신적 기술이 하나의 복합기술 시스템을 구성한다.
② 이 복합기술 시스템은 점차 퍼져 정립된다.
③ 그 결과 새로운 형태의 생산성이 빠른 속도로 팽창한다.
④ 이 새로운 형태의 생산성이 사회 변혁을 주도적으로 촉진해 나간다.

 인류 문명은 몇 차례의 획기적인 커뮤니케이션 혁명을 경험하였다. 다니엘 벨은 이를 ① 말(Speech)의 발명 ② 글(Writing)의 발명 ③ 인쇄술 (Printing)의 발명 ④ 원격 통신(Tele Communication)의 발명으로 구분하였다. <말>은 집단적인 수렵채집 생활에 중추적인 커뮤니케이션 수단이 되었고, <글>은 아프리카 숲속에서 직립 보행으로 걸어 나왔던 인류가, 농경사회에서 최초의 도시를 만들고, 이어서 도시의 숲을 이루는 토대가 되었다. <인쇄술>은 과학혁명·종교혁명·산업혁명의 토대가 되었고, <원격 통신>은 지식정보혁명을 촉진하는 토대가 되었다.

사회적 기술 → 인류의 혁명적 변화

수렵 사회	농업 사회	산업 사회	지식정보 사회
- 수렵 기술	- 농업 기술	- 공업 기술	- IT 기술
· 돌 도 끼 · 활과 화살 · 발 화 술 · 언어 등	· 농기구 · 관 개 술 · 천 문 학 · 문자 등	· 증기기관 · 산업기계 · 자연과학 · 인쇄술 등	· 컴퓨터 · 디지털 기술 · IT·BT · 출판·영상 등

2. 문자의 발명과
농업혁명

　인류의 조상이 언제부터 출현했는지는 확실하지 않다. 그러나 지금부터 약 1500만 년 전에 살았던 라마피테쿠스(Ramapithecus)가 그 시조라 추측하고 있다. 이어 오스트랄로피테쿠스(350만~200만 년 전), 호모 에렉투스(180만~10만 년 전), 네안데르탈인(50만~4만 년 전), 크로마뇽인(Cromagnon), 그리고 현생 인류인 호모 사피엔스(30만 년 전~현재)가 아프리카에서 출현했던 것으로 추정된다.

　그러나 크로마뇽인의 출현 때까지는 언어 구사에 알맞은 성대구조를 가지지 못했다. 약 3만 5천 년 전부터 언어 형태로 발달한 인류의 의사소통은 엄청난 커뮤니케이션 능력과 문화의 발달을 가져오게 되었다. 그리하여 크로마뇽인은 이미 동굴 속에 훌륭한 벽화를 남겼고, 원시 농업기술을 발전시켜 나갔다.
　인류는 약 1만 년 전에는 농사짓는 법을 완성 시켰다. 수렵·채집 시대로부터 농업시대로의 변혁인 제1의 물결(First Wave), 농업혁명이었다.

떠돌이 수렵·채집 생활에서 정착 생활로 옮긴 인류는 곡식의 저장법을 배우고, 생산 활동의 대상을 동물자원에서 곡물 자원으로 확대하고, 식물을 재배함으로써 식량을 정기적으로 확보할 수 있게 되었다. 그 결과 대규모의 정착이 가능하게 되어 촌락이 형성되고 최초의 문명인 농업혁명이 번영하는 기초가 확립되었다. 기나긴 겨울에는 사고를 위한 시간적·심리적 여유를 갖게 된 인류는 그 여유를 통하여, 문화를 형성하게 되었다. 이후의 역사는, 농업사회 내에서 조그마하게나마 변화해 가는 생산력에 따라, 인류는 그에 적응하기 위하여 조금씩 사회를 변화시켜 나갔다.

그리고 5000년~6000년이 지나자, 인류는 드디어 문자까지 발명하였다. 이어서 죽간·점토판·양피지·붓 등 필기도구를 발명하고, 목판인쇄도 발명하였다. 책이라는 기록 시스템이 나타난 것이다.
문화와 책은 시간과 공간을 넘어 멀리 있는 사람이나, 먼 미래와 과거를 서로 소통이 가능하게 해줌으로써 인류문화를 크게 발전시켰다. 그리고 약 570년 전에 구텐베르크가 활자 인쇄술을 발명하여 책이나 신문들을 대량으로 보급한 결과, 과학혁명·종교혁명·산업혁명이 연이어 촉발되었다. 타임은 지난 1천 년간 인류 역사에 가장 큰 영향을 미친 발명으로 구텐베르크의 금속활자를 선정하였다.

18세기 중반 영국에서 시작한 산업혁명은, 석탄과 석유라는 화석 연료의 이용으로 세계를 근본적으로 변화시켰다. 인류는 산업혁명이라는 제2의 물결에 휩쓸리게 되었다. 산업혁명에 신속하게 접근한 나라는 세계의 중심부가 되었고, 그 흐름을 인식하지 못했던 나라는 주변부의 지위로 몰락함과 동시에 중심부 발전을 위한 착취지역으로 전락하였다. 전자의 예는 영국이다. 영국은 산업혁명의 최첨단기수로서 온 세계를 제패해 나갔다. 후자의 예가 중국이다. 제1의 물결 시대에는 자타가 공인하는 빛나던 문명과 역사를 가졌던 중국이었지만, 산업혁명이라는 제2의 거대한 물결이 밀려왔을 때 슬기롭게 대처하지 못함으로써 사회적·경제적 측면에서 150년이라는 긴 세월 동안 심각한 역사적 지체 현상을 겪어야 했다.

3. 인쇄술과
산업혁명

오랜 세월 암흑기에 빠져있던 유럽이, 르네상스 시대에 이르러 긴 잠에서 깨어나기 시작했다. 1543년 코페르니쿠스는 지동설적 우주체계를 논한 <천구의 회전에 관하여>를 폴란드에서 출간하였다.

멀리 이탈리아에서 이 책을 읽은 갈릴레오 갈릴레이는, 이 책의 내용에 심취했다. 그는 자신이 직접 만든 망원경으로 달과 목성, 목성의 네 위성을 관측하였다. 역학 법칙과 지동설은 지구뿐만 아니라 달과 목성이라는 천상의 세계에도 적용됨을 알게 되었다.
갈릴레이는 그가 발견한 지동설에 관한 여러 증거와 관성의 법칙 등을 담아 <천동설과 지동설, 두 체계에 관한 대화(1632)> 및 <새로운 두 과학(1636)>을 출판하였다. 아리스토텔레스의 철학과 물리학이 지배하던 유럽에 새로운 역학을 확립시키는 계기가 되었다.

한편, 멀리 영국 케임브리지에 있던 아이작 뉴턴(1642~1727)은 갈릴레이의 책과 1609년에서 1621년 사이에 출간된 케플러의 천문학에 관한 여러 책을 읽었다. 그리고 자신의 연구결과를 담아, 그 유명한 <프린키피아(1687)>를 출판하였다.

　원래 라틴어로 쓰인 프린키피아는 여러 나라말로 번역되어 전 유럽에 보급되었다. 자연과학의 수학적 원리를 담고 있는 <프린키피아>는 세 권으로 구성되어 있다. 1권은 물체들의 움직임, 2권은 저항이 있는 공간에서 물체들의 움직임, 3권은 태양계의 구조에 관한 내용을 담고 있다. 근대 물리학을 정립한 뉴턴의 <프린키피아>는 갖가지 역학기술 발전에 크게 이바지하였다.

　물론 제임스 와트의 증기기관(1765년 완성)과 리처드 아크라이트의 수력 방적기의 발명(1768년)도 그중의 하나다. 그리고 이 두 발명이 산업혁명의 방아쇠 역할을 했다는 것은 누구나 아는 바다.

　빅토리아 여왕은 1851.5.1일 런던에서 <만국 산업작품 대 전람회>를 개최하였다. 세계 최초인 이 박람회에서 영국이 세계의 공장이라는 것이 명백히 입증되었다.

　이렇게 본다면 결국 산업혁명의 원인은 구텐베르크의 인쇄술에 있었다. 구텐베르크의 인쇄술에 의한 성서 및 종교 서적의 대량출판·보급이 종교혁명을 이끌었다는 것도 우리는 쉽게 이해할 수 있다.

　18세기에 비롯된 상호 관련성 있는 4개의 발전이, 직접 19세기 산업혁명의 발전을 가져왔다고 볼 수 있다. ① 동력으로 가동하는 기계를 생산과정에 투입 증대 ② 석탄·철강 등을 더욱 능률적으로 생산 확대 ③ 철도 등 운송 수단과 통신 수단 건설의 빠른 확장 ④ 은행과 신용기관의 확장이 그것이다.

산업혁명은 프랑스 대혁명(1789) 이상으로 인류 역사의 대전환을 가져온 거대한 변혁이었다. 산업혁명으로 빠르게 확장된 국제교역은 교통과 통신의 거대한 발달을 초래하여 국가 간의 관계는 더욱 긴밀해졌다.

1840년 영국이 penny 우편을 개시하였을 때, 런던에서 에딘버러까지 우편 발송요금은 1penny였다. 이는 종전요금의 10%에 불과했다.

산업혁명이 가져온 사회·경제적 변화는 인류의 역사에 있어서 미증유의 것이었다. 생산은 비약적으로 증대되고 생활의 질은 향상되었다. 그러나 인구의 도시집중·생활환경의 파괴·새로운 빈민층의 출현 등 사회적 모순을 드러내기 시작했다. 농촌의 자급자족체제가 해체되면서 공동체는 붕괴하여 갔다.

선진 공업국의 산업혁명 기술이 성숙기에 접어들고. 화석연료·자연자원의 고갈, 환경오염 등 산업사회에서 해결해야 할 과제는 늘어만 갔다. ① 산업사회의 모순 해결 ② 컴퓨터와 통신기술의 혁신 ③ 지식·정보 자원의 생산·유통 증대 현상에 따라 인류는 지식정보혁명이라는 인류문명의 대전환점에 서게 되었다.

지식정보사회는 자원을 대량으로 소비하여 재화나 서비스를 생산하던 이전의 생산방식에서, 정보와 지식의 생산·가공·유통이 물질적 생산 활동 이상으로 가치를 지니는 사회로 바뀌어 갔다.

4. 초유의 혁명이
오고 있다

20세기 중반 미국에서 시작된 지식정보혁명이 변곡점을 지나 새로운 혁명이 다가오고 있다. 초유의 혁명이다.

인공지능이 인공지능을 만들어 내는 인공지능혁명. 4차 산업혁명과 기후변화 티핑포인터로 인한 그린혁명. 화석연료 시대가 가고 자원 부족 시대에, 200년 전 10억이었던 인구는 2100년 112억의 인구가 살아가야 한다. 외부자원은 한정되어 있지만, 인간의 내적 자원은 무한하다. 인간의 안·이·비·설·신·의의 6가지 지각기관과 분별식인 제7 말라식, 훈습 된 종자식인 제8 아뢰야식, 이러한 인간의 내적 자원을 끌어내는 인간혁명. 정보의 홍수로 복잡하고 시간이 부족한 세상에서, 유한한 자원인 시간이 최고의 가치가 되는 시간혁명. 유전자 편집기술로 인한 바이오혁명. 이러한 변화들이 상호 연결·융합하여 초유의 혁명이 다가오고 있다. 초유의 혁명으로 지식정보혁명은 커다란 변곡점을 지나고 있다.

혁명이란 급격한 변화가 일어나는 일이다. 모든 것이 변하고, 사라져 간 그 자리에서 초유의 혁명이 싹트고 있다. 이제, 새로운 혁명이 다가오고 있다. 이것은 소리 없는 혁명이며, 보이지 않는 혁명이다. 귀 기울여 들어야 하고, 마음의 눈을 뜨고 보아야 하는 혁명이다.

제3의 물결인 지식정보혁명의 사회적 기술은 정보기술(IT)이었다.

모르스에 의해 1843년 실용화된 전신 기술은 미국의 서부개척에 철도만큼이나 큰 역할을 하였다. 머나먼 곳까지 눈 깜짝할 사이에 소식을 전해주는, 이 전신 기술은 새로운 시대의 도착을 알리고 있었다.

1876년 벨이 발명한 전화는, 제3의 물결을 또 한 발자국 전진시켰다. 이윽고 1895년에는 마르코니가 무선통신 기술을 발명하여 거대한 물결의 파고는 한층 높아졌다.

무선통신 기술은 플레밍의 2극 진공관(1904년) 기술, 미국 포레스트가 개발한 3극 진공관(1906년) 기술로 이어졌고, 라디오 -> TV -> 레이더 -> 마이크로 통신 -> 에니악(ENIAC)으로 대표되는 제1 세대 컴퓨터로 발전해 왔다.

1948년에는 쇼클리가 트랜지스터를 발명하여, 갓 생겨난 컴퓨터의 기능을 단숨에 수만 배로 늘려 주었다. 1세대 진공관, 2세대 트랜지스터, 3세대 집적회로(IC), 4세대 고밀도집적회로(LSI)로 발전한 전자혁명은 컴퓨터와 통신위성을 거쳐 디지털 혁명 시대로 나아갔다. 1948년 폰노이만은 메모리에 프로그램을 저장하는 최초의 현대식 컴퓨터 IBM SSEC를 발명하였다.

옥스퍼드 대학 출신의 엔지니어 팀 버스너리가 월드 와이드 웹(WWW)을 만들자, 정보혁명은 거센 폭풍이 되었다. 1997년 '타임'과의 회견에서 그는 "인터넷의 숨 막힐 듯한 발전이 기쁘다. 웹의 발전은 모든 꿈꾸는 자에게 교훈이 된다. 우리는 꿈꿀 수 있고, 그 꿈은 실현된다는 교훈을 지금 보고 있다"고 말했다.

다니엘 벨은 <후기 산업사회의 도래(1973)>에서 농업사회와 산업사회가 지나면 정보와 기술, 과학의 가치가 높아지는 '후기 산업사회'가 온다고 하였다.

지식·정보는 모든 사회문제의 해결 수단이며, 가장 중요한 자원이다. 후기 산업사회는 도시화와 인구 밀집 등 산업사회의 모순을 해결하기 위하여 필수적으로 거쳐야 하는 과정이라는 것이 다니엘 벨의 주장이다. 경제 부문에서 기계가 재화 생산의 중심이었던 산업사회에서, 지식정보기술과 서비스가 중심이 되는 사회가 후기 산업사회다.

미국은 1970년대, 고용인구의 65%가 서비스 부문에, 30%가 제조·건설 부문에, 5%가 농업 부문에 종사하였다. 1990년 미국은, 고용인구의 78.6%가 서비스 부문에, 2.8%가 농업 부문에 종사하였다. 현재 미국의 농업 부문 종사자는 2%에 불과하다.

미국이 지식정보사회에 진입한 지 63년. 새로운 혁명이 오고 있다. 세계는 200년 만에 다시, 패권국과 약소국으로 갈라지는 세계사의 대분기점에 다가서고 있다.

"일을 성취하는 것은 우물을 파는 것과 같다. 우물을 아홉 길이나 팠더라도 샘물에 미치지 못하면 오히려 우물을 버리는 것이 된다." 맹자의 말이다. 아홉 길을 파 내려간 노력도, 목적을 이루기 전에 그만두면 그 노력은 헛일이 되어 버린다. 한 길만 더 파면, 맑은 물이 솟구쳐 오를 것이다. 스스로 질문하고 자기의 길을 창시해 가야 할 때다.

6 장

자기의 길을
창시하라

1. 자기의 길을
창시하라

4차 산업혁명 시대다. 스스로 질문하는 능력이 중요한 시대다. 좋은 질문이 좋은 답을 찾아낸다. 초유의 시대다. 이전에는 들어 본 적도 없고 있어 본 적도 없는 일들이 우발·단절·다차원적으로 일어나는 시대다. 이러한 시대는 검색에서는 답을 찾을 수가 없다. 스스로 질문해야 한다. 자신의 질문이 자신의 답을 찾아낸다.

<렉서스와 올리브 나무>를 쓴 토머스 프리드먼은 미래에 가장 중요한 직업은 전략가와 저널리스트라고 하였다. 전략이라는 단어 'strategy'는 그리스어 'Strategos'에서 유래했다. 삶은 끊임없는 전쟁과 충돌의 연속이다. 세상의 모든 전략은 전쟁터에서 태어났다. 하버드대학교에서는 역사상 최고의 전략가로 '손자'와 '미야모토 무사시'를 들고 경영대학원에서 손자와 미야모토 무사시를 강의하고 있다.

손자는 중국 춘추시대 말기 제나라 사람이다. '적을 알고 나를 알면 백번 싸워도 위태롭지 아니하다. 적을 알지 못하고 나를 알면 한 번 이기고 한 번 진다. 적을 알지 못하면서 또한 나도 알지 못하면 반드시 매번 위태롭다.' '싸우지 않고 이기는 것이 최선의 전략이다.'라고 말하는 손자병법은 1편 시계에서 13편 용간까지 13편으로 이루어져 있다.

우리나라는 지난 5천 년 동안 931회의 크고 작은 외침을 당했다. 그 외침의 75%는 중국의 대륙 세력에서 왔다. 또한, 지난 5백 년 동안 해양세력인 일본으로부터 49회의 침략을 당했다.

미래는 과거에 있다. 역사를 거울이라고 한다. 그 역사의 거울에 오늘의 자기를 비추어 볼 줄 아는 것이 지혜다. 역사를 오늘의 거울로 삼아 비춰 보고 성찰하지 않으면 인간의 삶과 역사는 세포핵의 유전자 DNA 같이 지난 일들을 반복적으로 되풀이한다는 것이 역사적 교훈이다.

손자병법과 쌍칼 중도검법의 창시자 미야모토 무사시의 생애와 불패의 결투를 살펴보고자 하는 것은, 역사의 거울에 비추어 우리의 문제를 해결해 나가는 데 지피지기(적의 형편과 나의 형편을 자세히 앎)의 도구로 삼고자 하기 때문이다. 사람이 세상을 살아간다는 것은 생존경쟁이며, 난세의 전쟁터에서 살아남는 것과 다를 바 없는 일이기 때문이다.

2. 불패의 구도자
미야모토 무사시

미야모토 무사시는 <공·지·수·화·풍의 권> 5권을 쓴 일본 전국시대 불패의 검객이다. 생전 60여 회의 목숨을 건 진검승부에서 한 번도 패한 적이 없는 미야모토 무사시는 긴 칼과 짧은 칼을 동시에 사용하는 자신만의 검법인 '니텐이치류'를 창시하였다. 나는 이 니텐이치류를 '쌍칼 중도검법'이라 부른다. 긴 칼과 짧은 칼을 동시에 쓰기도 하고, 동시에 쓰지 않기도 하며, 목검을 쓰기도 하고, 상황에 따라 무기의 종류에 연연하지 않기 때문에 중도검법이기도 하다. 자기만의 쌍칼 중도검법을 창시하고, 자기만의 길을 가야 할 때이다.

미야모토 무사시의 원래 이름은 신멘 무사시다. 1584년 오카야먀현 미야모토 마을에서 태어났다. 미야모토 무사시는 여기저기 떠돌아다니는 떠돌이 검객이었던 아버지를 따라 어린 시절부터 병법의 도에 뜻을 두고 아버지 신멘 무니사이로부터 도리류의 병법을 배웠다. 29살까지 방방곡곡을 다니며 여러 유파의 병법자들과 60여 차례의 진검승부에서

단 한 차례도 지지 않았다.

· 열세 살에 처음으로 신토류 검법의 아지마 기헤이와 결투를 벌여 이겼다.

· 열여섯 살에 아키야마와 효고현 북부지방 다지마에서 결투를 벌여 이겼다.

· 열일곱 살인 1600년에 도요토미 히데요시 측의 서군으로 세키가하라 전투에 참가하였다. 기후현 세키가하라 전투에서 대항세력을 격파한 도쿠가와 이에야스는 천하패권의 주도권을 잡아 1603년 에도 막부의 초대 쇼군이 되었다.

· 스물한 살에 교토로 올라가서 천하제일의 검객들과 만나 몇 차례의 결투를 벌여서 모두 이겼다.

사사키 고지로와 간류지마에서의 결투

미야모토 무사시는 스물아홉 살이었던 1612년, 지금의 시모노세키 간몬 해협에 있는 간류지마에서 사사키 고지로와 결투하여 이겼다. 사사키 고지로는 '바지랑대'라 불리는 3척 1촌에 달하는 장검을 사용하였다. 먼저 칼을 베고 그 반동의 힘으로 이어서 사람을 벤다는 필살기인 '제비 돌리기' 검법으로 당시 명성을 날리고 있던 검객이었다.

미야모토 무사시는 배를 젓는 노를 직접 깎아 4척 2촌 길이의 목검을 만들었다. '바지랑대'라 불리는 장검의 칼날에 부딪혀도 부러지지 않는, 노로 만든 목검은 영리한 무기가 되었을 것이다.

돛이 없는 작은 거룻배를 타고 정해진 시각보다 늦게 간류지마에 도착한 미야모토 무사시는, 간몬 해협 동쪽에서 떠오른 해를 등진 상태에서 목검을 높이 쳐들고 거룻배에서 뛰어내렸다. 미야모토 무사시는 초조하게 기다리고 있던 사사키 고지로에게 소리쳤다.

"고지로, 너는 이미 졌다. 이길 자가 왜 칼집을 버렸겠느냐?"

간류지마의 해변에서 칼집을 던져버리고 두 손으로 장검을 높이 쳐들고 있는 사사키 고지로를 미야모토 무사시는 4척 2촌의 목검으로 내리쳐서 단번에 쓰러뜨렸다. 결투의 명장면은 이렇게 막을 내렸다.

이 장면에서 미야모토 무사시가 <공·지·수·화·풍의 권>에 기술한, 이기기 위한 병법의 모든 면을 살펴볼 수 있다.

- 실전에서 기선을 제압하라.
- 가능한 한 불빛을 등져라.
- 무기의 종류에 연연하지 말라.
- 결투에서는 항상 평상심을 유지하라. 고요할 때 오히려 마음은 고요하지 않다.
- 무사는 목적에 따라 다양한 무기를 직접 만들 줄 알아야 하고, 적재적소에서 사용할 줄 알아야 한다.
- 병법은 오직 한 가지, 이기기 위한 도(道)다.

일본 전국시대

일본 다이묘들의 관심이 오로지 전투에서 이기는 법만을 찾아가던 전국시대가 끝나고, 무사들이 지배하던 에도시대(1603-1867)를 지나 메이지 유신(1868)으로 제국주의 시대를 열어간 일본인의 정신세계는 무사도가 지배하고 있었다.

사무라이들은 봉건 영주인 다이묘를 주군으로 모시고, 전쟁터에서 싸우고 승리함으로써 명예와 봉록을 얻었다. 반면에, 한국의 전통사회는 유교적 소양교육을 받은 사대부들이 5백 년 동안 조선을 지배해온 문인 중심의 선비사회였다.

사무라이 집단이 가마쿠라 바쿠후, 무로마치 바쿠후, 전국시대, 이어서 에도 바쿠후까지 670여 년간 사회를 지배해 온 일본의 경우는, 세계 역사에서 유사한 예를 찾을 수 없는 매우 독특한 사회체제다.

사무라이들은 전국시대 혼란기, 난세에는 모시던 주군도 필요에 따라 수시로 바꾸었고, 어떻게 살아남을 것인가가 그들의 주된 관심사였다. 일본의 근세, 에도 바쿠후의 평화기가 되자 무사들의 관심은 어떻게 죽을 것인가로 바뀌었다.

현재 세계적으로 알려진 일본의 무사도는 1702년 '아코 사건'에서 그 예를 찾을 수 있다. 2년 가까운 와신상담 끝에 47인의 무사는 끝내 원수를 살해하고 억울하게 죽은 주군의 복수를 하였다. 복수를 끝낸 47인의 무사는 에도 바쿠후의 5대 쇼군 도쿠가와 츠나요시로부터 할복 명령을 받아 할복으로 생을 마친다는 내용이다.

주군을 위해 목숨을 바치는 47인의 사무라이 이야기는 서민들의 절대적인 동정을 받아 문학작품으로, 또 연극 '47인의 사무라이'로 300년 동안 일본 사회의 저변에 전해져 내려오고 있다. 그러나 죽음을 미화해서 희생과 죽음을 강요해서는 안 될 것이다.

일본인들은 꽃 중에 벚꽃을 으뜸으로 치고, 사무라이를 벚꽃에 비유한다. 하얀 벚꽃이 한꺼번에 지는 광경을 일본인들은 가장 아름답다고 생각한다. 벚꽃이 한꺼번에 소리 없이 떨어지는 순간처럼 주군을 위해 목숨을 바치고, 미련 없이 가버리는 충성스러운 사무라이들을 최고의 무사로 평가한다. 47인의 사무라이 같은 이야기가 많이 전해져 내려오는 이유다.

무사들의 지배가 시작된 12세기부터 일본에서는 장인들의 지위가 향상되고 있었는데, 1600년 세키가하라 전투에서 대항세력을 물리치고 도쿠가와 이에야스가 새로운 시대의 패자가 될 무렵, 장인들은 꽤 많은 권력을 소유하고 있었다.

3. 자기의
쌍칼 중도검법을
창시하라

미야모토 무사시는 나이 서른을 넘어 지난 일들을 돌아보았다. 천하제
일의 검객들과 결투에서 단 한 차례도 지지 않았던 것은, 자신이 병법
의 도를 완전히 터득하였기 때문이 아니라는 것을 깨달았다. 그것은 오
히려 상대가 병법에 미숙하였거나, 자신이 병법의 도리와 자연의 이치
에 어긋나게 행동하지 않았기 때문에 이길 수 있었다.

미야모토 무사시는 병법 연마를 위하여 구도의 방랑길을 떠났다. 병법
의 깊은 이치를 터득하기 위하여 밤낮으로 수련한 결과, 나이 오십이
되어 자신만의 검법인 니텐이치류(二天一流)를 창시하였다. 니텐이치류
를 창시한 미야모토 무사시는 모든 일에서 나에게 스승이라 할 것이 없
었고, 구도자의 자세로 홀로 걸어왔을 뿐이라고 말했다.
나는 이 니텐이치류를 '쌍칼 중도검법'이라 부른다. 긴 칼과 짧은 칼을
동시에 쓰기도 하고, 동시에 쓰지 않기도 하며, 한 칼만 쓰기도 하고,

목검을 쓰기도 하며, 상황에 따라 무기의 종류에 연연하지 않기 때문에 중도(中道) 검법이기도 하다.

　남을 모방했다면, 남을 따라 하다가 지는 경우도 있고 진검승부에서 진다는 것은 죽음을 의미한다. 따라서, 살아남기 위해서는 자기만의 쌍칼 중도검법을 스스로 창시해 나가야만 한다. 새로운 시대를 맞아 살아남기 위해서는 앞서가는 선진기술을 따라잡아야 하고, 동시에 자기만의 새로운 길을 창시해 나가야 한다. 보수의 긴 칼과 진보의 짧은 칼을 동시에 사용하고, 성장의 긴 칼과 분배의 짧은 칼을 동시에 사용하는 자만이 진검승부에서 죽지 않고 살아남는 길로 가게 될 것이다.
　우리는 이제, 나는 어디에 있는가? 나의 길은 어디인가? 하는 근원적 질문을 스스로 해야 할 때다.

　미야모토 무사시는 진검승부의 실전현장에서 목숨을 걸고 부딪치고, 이치를 터득해 나간 병법과 인생의 이치를 <독행도>, <공·지·수·화·풍의 권>, <병법 35개 조>에 남겨 놓았다. 불경이나 유교 경전, 전해오는 병법서를 인용하지 않고 오직 자신만의 언어로 온몸을 다해 한 자 한 자 기술해 놓은 글들이다. 생의 마지막 순간에 도달한 미야모토 무사시는 검의 최고 경지는 검선일여(劍禪一如)임을 깨닫고, 1645년 5월 12일 <독행도>를 붓으로 써 내려갔다. <독행도>를 완성한 미야모토 무사시는 1645년 5월 19일 세상을 떠났다.

중도란 무엇인가

가만히 있으면 중간은 간다.
그래서 수행자들은 침묵을 지키는가.
이것이 중도(中道)인가?
아니다.

운명의 여신이 깔아준
숙명의 카펫을 밟고서
주어진 인생, 자기의 길을 가다가
단풍든 숲에서 세 갈래 오솔길을 만났을 때,
세 갈래 길 중 중간으로 난 길을 택하여
이어져 있는 길을 계속하여 걸어가는
이 길이 중도인가?
아니다.
그러면 무엇이 중도인가?

2,500년 전 싯다르타가
우루빈나 마을 나이란자나 강변의 보리수 아래에서
새벽 별빛이 빛날 때 얻은 깨달음.
이것이 중도다.

연기(緣起)를 사유하여 중도를 깨달은 붓다는
눈뜬 자가 되어,

맨발로 장마 속 빗길 250km를
11일간 걸어서 도착한 녹야원에서
초전법륜을 설하였다.

이것이 있으므로 저것이 있고
이것이 생겨나므로 저것이 생겨나며
이것이 없으므로 저것이 없고
이것이 멸하므로 저것이 멸한다.
모든 것은 서로 의지하고 있다.
이것이 연기다.

태어났으므로 늙음과 죽음이 있다.
이것은 붓다가 이 세상에 나오기 전에
본래, 정하여져 있는 것이다.
붓다는 이를 깨달아 눈뜬 자가 되었다.

태어나지 않으면 늙음과 죽음도 없다.
생사의 얽매임에서 벗어나면,
자유의 커다란 즐거움을 누리게 된다.
있는 것도 아니고 없는 것도 아니며
또한 있는 것이고 또한 없는 것으로,
있는 것과 없는 것에 대하여
동시에 빛을 비추니
아, 모든 것은 서로가 의지하고 있구나!
이것을 중도라 한다.

중도는
생사윤회의 주체인
제8 아뢰야식마저
완전히 끊어버리고
연기를 바르게 깨닫는 것이다.

그러므로 중도는
인간 존재의 모든 얽매임에서
벗어나게 해줄
매우 보배로운 열쇠다.

그리하여 마침내,
사나이 일대사(一大事)
생사윤회의 문제를 해결하여
시간과 공간에 관계없이
언제든지 밝은 빛의 세계에 들어서는
자기의 등대요 길잡이다.
이것이 중도다.

따라서, 나는 미야모토 무사시가 창시한 니텐이치류를
'쌍칼 중도검법'이라 부른다.

4. 알파고와
유치원생의 대결

2008년 미국의 금융위기는 1929년 대공황 이후, 80년 만에 찾아온 전대미문의 상황이었다. 동북아에서 미국과 중국이 격돌하는 글로벌 전국시대다. 현대는 대변혁의 시대로 초불확실성의 안개에 직면해 있다.

1851년 런던 박람회에서 증기기관이 첫선을 보이고 가파르게 치달은 산업혁명의 물결을 탄 나라는 선진국으로 부상했지만, 문을 닫고 세상 흐름에 깜깜했던 나라들은 나라를 잃는 치욕을 감내하여야만 하였다.
우리는 일하면서 싸우고, 산업화와 민주화의 듀얼 갭(2중의 격차)을 메우면서 숨 가쁘게 달려왔다. 앞으로 우리가 가야 할 길은 아무도 가보지 못한 길이다. 스스로 그 길을 만들어 가면서 가야만 한다.

2016년 스위스 다보스 포럼의 주제는 '4차 산업혁명'이었다. 알파고와 이세돌의 바둑시합에서 이세돌이 참패함으로써 인공지능(AI)에 대한 관심이 폭증하고 모든 분야에서 새로운 길을 모색해 나가야 한다는 시대적 과제에 직면하게 되었다.

바다에 파도는 매 순간 밀려오고 또 부서져 나간다. 지금 다가오는 물결은 진도 9.0의 지진으로 발생하는 새로운 혁명의 거대한 쓰나미인가? 속절없이 밀려 왔다가 부서져 나가는 파도의 잔물결인가?

알파고와 유치원생에게 색종이를 한 장씩 주고 세 겹으로 접으라고 하면, 천진한 유치원생은 늘 하던 대로 한 장의 종이를 세 겹으로 반듯하게 접어서 내놓는다. 반면에 알파고는 색종이를 세 겹으로 접을 수 있는 빅데이터를 입력하고, 1을 3으로 나누는 계산을 0.33333333........끝없이 해나갈 것이다.

사람은 땅의 법칙을 따르고, 땅은 하늘의 법칙을 따른다. 하늘은 도의 법칙을 따르고, 도는 자연의 법칙을 따른다. 자연은 스스로 그러함이니, 스스로 그러함이 본성이다. 인간의 본성은 천진함이다.
인간의 본성인 천진함을 간직한 유치원생은, 사물의 본질을 있는 그대로 천진하게 보아서 알파고를 이길 것이다. 그렇다면 알파고의 알고리즘과 빅데이터만 따라갈 것이 아니라, 이러한 인간의 본성과 사물의 본질을 통찰하는 길을 함께 배워 나가야만 할 것이다.

이것이 긴 칼과 짧은 칼을 동시에 사용하는 자기만의 쌍칼 중도검법을 창시하고, 자기만의 길을 가야 하는 이유다. 토머스 프리드먼이 렉서스(Lexus)와 올리브 나무(Olive Tree)가 서로 조화와 균형을 이루어야 한다고 말하는 이유이기도 하다.

7 장

단절 · 다차원적으로
찾아오는
새로운 미래

1. 미래를 알고자 하는
인류의 욕망

 지나온 역사를 기록하는 것보다 미래를 예측하는 작업은 더 어려운 일이다. 우리가 미래를 안다면, 언제나 승리자가 될 수 있는가? 미래는 오직 신만이 알 수 있는가? 미래를 알고자 하는 인류의 욕망은 태초 때부터 계속된 것이다.

 고대 그리스에서는 델포이의 아폴론 신전에서 신탁을 구했다. 고대 중국 은나라에서는 거북 등이나 소뼈에 새긴 문자를 구워서 갈라지는 균열을 보고 길흉을 점쳤다. 이 점치던 갑골 문자가 한자의 기원이 되었다.
 피타고라스(BC 580년~BC 500년)는 만물의 근원을 수로 보고, 수를 이용하여 점을 쳤다. 직각삼각형에서 세 변을 각각 a, b, c라 하고 c를 빗변이라 했을 때 $a^2+b^2=c^2$으로 나타내는 것이 피타고라스의 정리다.
 고대 바빌로니아인은 4,000년 전에 점토판에 쐐기문자로 피타고라스의 정리를 새겨놓았다. 영국 박물관은 3,500년 전 이집트에서 피타고라스의 정리를 기록한 파피루스를 소장하고 있다.

예언가로 유명한 노스트라다무스의 청년 시절, 이탈리아를 여행하던 그는 길을 지나가던 펠리체 뻬레띠라는 수도승에게 무릎을 꿇고 절을 하며 "교황님 앞에서 무릎을 꿇습니다."라고 말하자 거리의 사람들과 수도승이 깜짝 놀라 "왜 그러느냐?"고 물었다. 그 수도승은 1585년에 정말 교황이 되었으니, 그가 바로 식스투스 5세였다.

또 언젠가 메디치가의 왕비 까떼린 데 메디치가 점성술사인 그를 방문했을 때, 그는 왕비의 수행원인 한 소년에게 나중에 프랑스 왕이 될 것이라고 예언하였다. 그 소년은 정말로 프랑스 왕이 되었다. 그가 앙리 4세였다.

노스트라다무스는 "1999년 일곱 번째 달, 하늘에서 공포의 대왕이 내려와 세상이 종말을 맞을 것"이라는 예언도 하였다. 그러나 우리는 아직도 이 세상에 살고 있고, 그의 예언은 빗나갔다.

초불확실성의 시대에 앞이 보이지 않고 미래가 불안하기 때문에 매년 새해가 되면 토정비결을 보면서 새해의 길흉을 점치고, 북두칠성의 빛이나 위치로 길흉을 점치기도 한다.

서양에서는 점성술로 점을 쳐왔다. 대통령 선거 때가 되면 주역으로 선거 결과를 점치고, 여론조사로 예측을 한다. 오늘날 기상·기후 예측은 비즈니스에 큰 영향을 주는 요소가 되었다.

오렐은 <거의 모든 것의 미래>에서 미래 예측은 불가능하다고 하였다. 살아있는 유기체는 예측할 수 없다. 기후변화, 경제 등은 수많은 사람들의 행위·선택·심리의 영향을 받는 복잡한 상호작용이다. 살아간다는 것 자체가 예측 불가능성이다. 정확한 기상예측은 현대 과학으로도 어렵다. 기상위성을 발사하고 슈퍼컴퓨터·기상 선박·각종 장비를 동원하고, 축적된 빅데이터로 정교하고 복잡하게 계산을 하여도 안 맞을 때가 많은 것이다.

피터 드러커는 미래를 예측할 수는 없지만 창조할 수는 있다고 하였다. 그는 미래를 예측할 수 없다고 정의했지만, 미래예측에 놀라운 통찰력을 보였다. 지식사회의 도래, 일방적 공급과 수요의 틀을 벗어난 쌍방향 거래 -> 시장의 변화, 지식노동자의 탄생, 초고령화 사회 -> 산업구조의 재편 등을 예고한 것은 그의 통찰력 있는 작업의 결과였다.

미래 예측은 세상이 변하는 이치와 현상과 본질을 명확하게 이해하는 데서부터 출발하여야 할 것이다.

미래를 알려면 현재의 행동을 보라

미래를 알려면 현재의 행동을 보고, 과거를 알고 싶으면 현재의 모습을 보라. 현재는 과거에 했던 행동의 결과요, 미래는 현재하는 행동의 결과이기 때문이다.

- The future is purchased by what you do in the present.
  미래는 현재 당신이 하는 행동에 따라 결정된다.

- The best way to predict your is to create it.
  미래를 예측하는 최상의 방법은 미래를 창조하는 것이다.

- There is nothing like a dream to create the future. utopia today, flesh and blood tomorrow.
미래를 창조하는 데는 꿈만 한 것이 없다. 오늘의 유토피아가 내일의 실체가 된다.

- 주역은 세상이 변화하는 원리를 알게 하고, 현재의 변화를 설명하는 철학서다. 미래는 자신이 현재하는 행동에 따라 결정된다. 미래는 현재하는 행동의 결과이기 때문이다. 따라서, 주역의 이치를 이해하여 길(吉)을 취하고, 흉(凶)을 피한다면, 미래를 점칠 수 있을 것이다.

2. 변하면
오래 지속한다

궁(窮)하면 변(変)하고, 변하면 통(通)하고, 통하면 오랫동안 지속(久)한다.
주역에 있는 말이다.

이리하면 하늘이 도와서
길하고 이롭지 않음이 없을 것이다.
하늘은 잠시도 쉬지 않고 운행하고
땅은 어머니 품처럼 만물을 길러낸다.
이로써 만물이 생기고,
사람이 생기고,
생성하고 또 생성하는 것이 역이다(生生之謂易).

역이라고 하는 것은 사람들에게 만물의 변하는 모습(象)을 보여 주고자 하
는 것이다. 상(象)이라는 것은 곧 사물의 자세한 본받음이다.

주역은 세상이 변해가는 이치를 쉽게 알려 주는 책이다. 미국 온라인 서점

아마존에서도 장기간 베스트셀러였다. <The book of changes>는 변화의 책을 뜻하는 보통명사가 아니라, <주역>을 가리키는 고유명사다. 역(易)은 바꿀 역이며, 쉬울 역이다.

유한한 시간과 공간에서 살아가야 하는 인간은 급변하는 세상, 팍팍하고 곤궁한 현실에서도 오랫동안 변함없이 부귀영화와 권력을 유지하고 명예를 누리며, 불로장생하고 싶은 욕망을 가지고 살아간다. 그러면 어떻게 살아야 하는가? 변해야 하고, 통해야 한다고 주역은 답한다.

오랫동안 지속하려면
막힘없이 통해야 한다.
통하려면 변해야 한다.
변하면 곤궁함에서 벗어날 수 있다.

조짐을 알면, 미래가 보인다.

주역은 동양사상의 가장 중요하고 본질적인 내용을 담고 있다. 동양인과 서양인은 사고방식이 근본적으로 다르다. 서양인은 뿌리보다 지엽적인 가지를 우선에 둔다. 서양사상은 일반적 원리에서 개별적이며 특수한 사실을 끌어내는 연역적 사고를 담고 있다. 반면에 동양사상은 만 가지를 하나로 귀납시키는 사고를 한다. 서양인들은 아이들이 커 가면 장래 기술자가 되라고 한다. 기술자가 못되면 예술가가 되고, 예술가가 못되면 종교가가 되라고 한다.

동양사상의 바탕에는 우주 만물은 하나의 '그 무엇'에서 왔고, 그 하나가 바로 우주 만물이라고 생각한다. 그 하나는 도(道), 태극, 부처(佛), 무(無), 공(空) 등 관점에 따라 다양한 이름으로 표현하지만, 그 자리는 생각하고 말하기 이전에 이미 있는 것이다.

서양의 문명은 이제 그 가지의 끝에 다다랐다. 자연과 더불어 살아가야할 인류의 시대적 과제를 해결할 철학적 토대를 잃어가고 있다. 서양인들은 이제 가지 끝에 다다른 문명이 찾아야 할 답을 <주역>에서 찾고 있다.

주역은 역수(易数)다. 역수란 주역의 원리에 따라 길흉화복을 미리 점치는 것이다. 64괘에서 8괘를 찾고, 8괘에서 사상, 사상에서 음양, 음양에서 태극을 찾아 나간다. 마침내 태극은 어디 있느냐?

우주의 주체는 무엇인가? 마치 자동차의 주체가 자동차가 아니듯이, 우주의 주체는 우주가 아닌 마음이다. 마음은 물질이 아니므로, 물질로 구성된 시공간이 끊어진 자리다. 왜 시공간이 끊어졌느냐? 금강경이 말하는 바와 같이 과거의 생각은 이미 지나가 버렸고, 미래의 생각은 아직 오지 않았으며, 현재의 생각은 머무는 데가 없기 때문이다. 시공간이 끊어진 이 마음이 시간과 공간을 만들어 낸다. 이것이 동양사상이다.

개미가 높은 곳에 올라가면 장마가 올 것을 예측할 수 있고, 기러기가 일찍 남쪽으로 날아오면 날씨가 추워져서 흉년이 들 것을 미리 알 수 있다. 인촌 김성수 선생의 어머니도 이 조짐을 보고 미리 벼를 비축해서 많은 돈을 벌어 집안의 토대를 마련하였다.

꽃잎이 떨어져야
열매가 맺힌다.
열매를 보면
그 나무를 알 수 있다.

 가을에 찬바람이 불어오면 꽃잎이 떨어지고, 열매가 맺힌다. 찬바람이 불면 열매가 맺힐 것을 미리 아는 것이, 조짐을 알아차리는 것이며 역수를 읽는 것이다. 이러한 지혜가 주역에 담겨 있다. 주역이 주는 네 가지 선물을 이해하면 대변혁의 시대. 어디로 가야 하는지? 그 방향을 알 수 있을 것이다.

3. 단절·다차원적으로
찾아오는
새로운 미래

미래는 우발적·단절적·다차원적으로 찾아온다. 2017년 11월 15일 오후 2시 30분까지 초유의 수능 연기가 있을 줄 아무도 몰랐다. 우발적이다.

19세기 말 뉴욕이 마차로 붐빌 때 전문가들은 50년 후 뉴욕은 마차와 산더미같이 쌓여있는 말먹일 풀, 말똥으로 뒤덮일 것으로 예측했지만, 실제 50년 후 뉴욕에 마차는 사라지고, 자동차로 가득 찼다. 이것이 단절적으로 찾아오는 미래다.

지금 눈앞에 보이는 모든 것들을 싹 지우고 새로운 장면을 상상해야 한다. 미래는 그렇게 찾아온다.

미래는 계단을 오르듯이 차례차례 단계별로 나아가는 것이 아니다. 미래는 현재와 다른 기회·위기·변화가 기다리고 있다.

미래는 현재와 다른 시각으로 조명하여야 한다. 지난 200년간 급격한 기술혁신이 보여주듯이 과거와 단절된 새로운 미래가 나타날 것이다. 다차원적으로 찾아오는 새로운 미래는 제임스 캔턴이 말한 대로 극단적인 미래(Extreme Future)가 될 것이다.

1851년 영국 런던에서 증기기관을 전시하며 시작한 세계 박람회는 전화기·자동차·TV 등을 선보이며, 산업화·대중화 시대의 시작을 알린 신호탄 이었다.

그러나 21세기에 들어와서 박람회의 주제가 자연과의 조화, 신재생 에너지 등으로 주제가 전환되고 있다. 2005년 일본 아이치 '자연의 예지', 2010년 중국 상하이 '더 좋은 도시, 더 좋은 삶', 2012년 한국 여수 '살아있는 바다, 숨 쉬는 연안', 2017년 카자흐스탄 아스타나 '미래 에너지'가 그것을 보여주고 있다.

4. 새로운 미래를 정의하는
다섯 가지 키워드

21세기의 시작은 2001년 1월 1일이다. 새로운 밀레니엄(천년)이 시작되었다. 21세기라는 케이크의 다섯 조각 중 한 조각을 다 먹었지만, 케이크 전체의 맛은 알 수도 없고, 모양도 짐작할 수 없다.

21세기의 첫 번째 조각은 닷컴 버블의 붕괴, 리먼 브러더스 사태로 시작된 전대미문의 2008년 미국 경제 위기, 2011년 동일본 대지진, 그리스·스페인 등 유럽 재정위기, 유럽과 미국의 신용등급 하락, 세계 2위의 경제 대국으로 굴기한 중국, 북핵 위기, 미국 우선주의로 '다시, 미국을 위대하게'를 부르짖는 트럼프, 중국의 힘을 앞세우는 시진핑, '전쟁하는 나라, 일본'으로 가겠다는 아베, 그리고 푸틴. 대륙의 광풍과 대양의 해류가 한반도에서 부딪쳐 소용돌이치며 자욱한 안개와 격렬한 풍랑을 만들어내고 있다.

세계 문명이 그리스·로마의 지중해 시대에서 영국·스페인의 대서양 시대를 거쳐, 이제 인도양·태평양 시대가 열리고 있다. 이 인도양·태평양 시대를 나는 '대동양 시대'라고 부른다. 대동양 시대에 인도와 중국이 부상하고 있다.

앨빈 토플러는 <부의 미래>에서 시간의 재정렬, 공간의 확장, 지식에 대한 신뢰가 상호작용하여 거대한 심층 기반을 형성한다고 하였다. 기술혁명이 가져온 속도와 혁신적 기술의 충격으로, 각 사회 시스템의 저변을 형성하고 있는 심층 기반이 흔들리는 현상이 경제위기의 근본 원인이다.

<소유의 종말>에서 유형의 소유권 시대는 가고 무형의 접속권·사용권 시대가 온다고 하였던, 제러미 러프킨은 <노동의 종말>에서 2030년이면 1995년에 투입된 노동력의 95%는 사라진다고 하였다. <공감의 시대>에서 창조적 파괴를 통하여 다가오는 새로운 미래를 말하였다. 축구공에서 럭비공으로, 체스에서 바둑으로 게임의 법칙이 변해가고 있다.

미래는 현재와 다른 시각으로 보아야 한다. 선형·단선적으로 징검다리를 건너듯이 하나씩 변해가던 농경사회·산업사회와 달리, 미래는 급격한 환경변화와 기술혁신으로 '전대미문'의 현상을 경험하게 될 것이다. 새로운 변화·문제·위기가 한꺼번에 밀려오기 때문이다.

세계는 인류 문명사에 몇 번 경험해보지 못했던 대전환의 시대에 들어섰다. 4차 산업혁명은 1차·2차·3차 산업혁명과는 완전히 다른 경제구조와 국제관계·고용체계·소통방식을 낳게 될 것이다. 4차 산업혁명의 핵심은 인공지능·VR·AR·로봇·BT 등 혁신적 기술과 분산화된 에너지 혁명이다. 4차 산업혁명과 에너지 혁명은 서로 밀접한 관련성을 가지고 발전하고 있다. 집중화된 폐쇄형 사회체제가, 분산화된 개방형 사회체제로 바뀌어 가고 있다. 분산되고 개방된 네트워크 체제는 연결과 협업을 기반으로 새로운 경제체제를 만들어 간다. 4차 산업혁명의 시대는 서로 협력하는 개인·기업·나라만이 살아남을 수 있다. 승자와 패자가 갈리는 게임이 아니라 윈윈전략이 승리의 키워드가 될 것이다.

천성적으로 유대감과 공감의 정서가 뛰어난 우리 민족은 다른 사람이 어떻게 생각하는지에 대해 민감하게 반응한다. 다른 나라를 침략하지 않고 평화를 추구하면서 살아왔던 우리 민족은 자연과의 조화를 앞세우고, IT 강국이라는 핵심자산을 보유하고 있다. 사회적 유대감과 공감의 정서로 4차 산업혁명의 주도국으로 부상할 것이다.

새로운 미래를 정의하는 다섯 가지 키워드는 ① 속도 ② 복잡성 ③ 변화 ④ 문화 ⑤ 위험사회다.

속도

아프리카 초원에 사는 사자는 밤마다 기도한다. 다음날 아침, 가장 걸음이 느린 가젤보다 빨리 달려서 굶어 죽지 않기를. 가젤도 밤마다 기도 한다. 다음날 아침, 걸음이 가장 빠른 사자보다 빨리 달려서 잡아먹히지 않기를. 사자나, 가젤이나 아침이 되면 무조건 달려야 한다. 이것이 속도다.

변화의 속도는 눈부실 정도로 빠르고, 삶의 모든 면에 영향을 미친다.

4차 산업혁명 시대는, 제2의 물결 시대였던 산업사회처럼 전체적인 획일성을 바탕으로 기계적 효율성만을 추구하는 사회 시스템은 더는 살아남을 수 없다는 것이 명백하게 입증되었다.

경제·사회적 시스템은 너무나 빠른 속도로 변하는데 조직과 제도가 한참 뒤에 쳐진다면, 사회 전체의 비 동시성은 증대해 갈 것이다. 조직과 제도에 대한 사회 전반의 변화와 혁신을 요청하는 소리는 더 높아질 것이다. 속도 측정기를 준비하여, 사회 전반의 속도를 측정해 보는 것이 필요하다. 속도는 사회 전반의 변화와 혁신을 측정하는 매우 중요한 지표이기 때문이다. 앨빈 토플러도 속도를 중요한 지표로 보았다.

- 시속 100마일 : 오늘날 가장 빠르게 변화하는 기업이나, 사업체의 속도다.
- 시속 90마일 : 2등 조직은 바로 집단적인 시민단체들이다.
- 시속 60마일 : 세 번째 차에는 가족이 타고 있다. 1971년 한 해 102만 명이 태어나던 아이는 2022년 30만 명 아래로 떨어질 것으로 예측된다. 아버지는 일하고, 어머니는 살림하던 전통적 가족제도는 1인 가구로 바뀌고 있다. 1인 가구는 2035년 763만 가구로, 전체의 35%를 차지할 것이다.
- 시속 30마일 : 기업·시민단체·가족이 급속도로 변하고 있다면, 노동조합은 쇠퇴하고 있다. 노동조합의 쇠퇴는 제2의 물결인 대중사회의 쇠퇴를 반영하는 것이다. 한국의 노동조합 가입률은 9.8%로, 1989년 19.8%보다 하락했다.
- 시속 25마일 : 피라미드식 정부 관료조직과 규제기관들의 변화속도는 느리면서, 빠르게 변하는 기업의 속도를 떨어뜨린다.
- 시속 10마일 : 바로 학교다. 10마일로 변하는 교육체계가 100마일로

달리는 기업이 필요한 인재를 공급할 수 있겠는가?

4차 산업혁명 시대다. 대부분 사라질 지식·직업교육에 머무는 현재의 교육 시스템은 사라지게 될 것이다.

코딩(컴퓨터 프로그래밍)은 미래 112억의 인구가 서로 대화할 수 있는 글로벌 언어다. 융합의 시대에 토론·이해·학습해야 할 수많은 개념을 배우고, 창의적이고 유연한 자세로 학습해 나가도록 교육하여야 한다.

- 시속 5마일 : 이들은 유엔, 국제통화기금, 세계무역기구, 만국우편연합 등 국제기구들이다.

- 시속 3마일 : 느리게 변화하는 정치조직이다. 국회에서 정당에 이르기까지 현재의 정치시스템은 4차 산업혁명 시대에 엄청난 속도와 고도의 복잡성을 가진 사회문제들을 제대로 해결해 나가지 못할 것이다.

- 시속 1마일 : 마지막으로 가장 느리게 변화하는 것이 법이다. 법 그 자체와 법원·변호사협회·법무대학원·법률회사 등이 그들이다. 흔히 법이 살아 있다고 하지만 겨우 살아 있는 것이다. 법 그 자체는 거의 변화가 없다.

마이크로소프트사의 해리셤은 "인터넷 세상에서 마법의 속도는 0.25초다. 이만큼 빠르냐 늦느냐가 기업의 성공을 좌우한다"고 말했다.

한 가지 분명한 사실이 있다. 그것은 가정·회사·기업·국가 경제·글로벌 시스템 등 어디에서나, 시간과 속도라는 심층 기반이 부 창출에 미치는 영향이 그 어느 때보다 전면적인 변혁에 휩싸여 있다는 사실이다.

시간에는 4가지 범주가 있다. 과거, 현재, 가까운 미래, 저승으로까지 이어지는 먼 미래가 있다. 전통 문화의 특징은 과거를 찬양한다. 전통

문화가 간혹 미래를 강조하는 경우는 먼 미래 또는 숙명론적 미래뿐이다. 선진 문화가 집중하는 시간은 가까운 미래다. 그것이 통제할 수 있고, 또 사전에 계획할 수 있는 유일한 시간이기 때문이다.

복잡성

현대는 초불확실성의 시대다. 전혀 관련이 없을 것 같은 분야가 서로 복잡하게 결합하여, 라이프 스타일에서부터 직업·개인안전·국가안보에 이르기까지 모든 분야에 직접적인 영향을 미치고 있다. 왜 사회는 복잡하고 불확실성에 가득 차 있는가?

모래를 모아서 모래성을 쌓는다고 하면, 어느 정도 모래성을 쌓아 올린 후부터 모래 탑은 매우 불안정한 상태가 될 것이다. 모래 한 알을 더 쌓았을 때, 모래알이 흘러내리기도 하고 또 어떤 경우엔 모래성이 무너지기도 한다. 이 모래성이 언제 무너질지는 예측할 수 없다. 이것은 불확실성으로 가득 찬 문제다.

세상은 이렇듯 앞일을 알 수 없는 불확실성의 세계다. 모래성의 안정성 문제는 모래성 하나의 문제가 아니다. 모래성을 구성하는 모래알 하나 하나가 서로 얽혀있는 복잡성이 불확실성을 이끄는 원인이다.
세상은 단순하게 이루어진 것이 아니다. 여러 요소가 복잡하게 얽혀 있는데, 그 복잡성이 불확실성을 키운다. 정치·경제·금융·기업 등 여러 곳에서 복잡성이 커지면서 불확실성이 늘어나고 불안정해지고 있다.

세상은 엔트로피(무질서, 복잡성)가 증가하는 방향으로 모든 변화가 이루어진다. 세상은 점점 더 복잡해지고 불확실성은 점점 더 커진다. 우리가 간과하는 것 중의 하나가 바로 복잡성이다. 세상은 복잡하지만, 세상을 바라볼 때 몇 가지 요소만 파악하고 단순화해서 바라본다. 우리가 파악하지 못한 다른 많은 요인과 단순화 과정에서 빠진 것들이 사실은 세상을 움직이는 주요 변화요인들이다.

변화

혼란하고 소란스러운 세상이다. 사물이 극에 달하면 반드시 되돌아가는 법이다. 음은 양이 될 수 있고, 양은 음이 될 수 있다. 음 속에 양이 있고, 양 속에 음이 있다. 이 세상의 변하지 않는 진리는 생겨난 모든 것은 반드시 사라지고, 모든 것은 변한다는 사실이다. 끊임없는 변화에 적응하면서 인류문명은 발전해 왔다. 변화에 적응하지 못하면 사라질 뿐이다.

1859년에 출판된 다윈의 <종의 기원>의 원래 제목은 <자연선택 혹은 생존경쟁에서 유리한 종의 보존에 의한 종의 기원에 대하여>다.
다윈은 "생존경쟁에서 좀 더 나은 변이를 가진 생물은 살아남고, 그렇지 못한 생물은 제거된다."고 말했다. 흔히, '자연선택' '적자생존' 논리로 말해지는 내용이다.
다윈은 1859년 14장으로 출판했던 초판본을, 1872년 1장을 추가하여 15장으로 출판하였다. "자연선택에 가장 성공적이었던 종은 공동체의 이익을 위해 서로 돕고 단합할 줄 아는 종들이다. 생물 상호 간에 유연하게 협력을 하는 구성원들이 많은 공동체가 가장 많은 수의 자손들을 부양하고 더욱 번창한다."

살아남으려면 변해야 한다. 서로 통(通)해야 하고, 협력해서 시너지를 만들어 가야 한다.

한국은 한 세대 안에 1차·2차·3차 산업혁명을 모두 겪었다. 전쟁의 잿더미 위에서 5천 년 가난의 때를 벗고, 원조받는 국가에서 원조를 주는 국가로 성장하였다. 1인당 국민소득 3만 달러를 돌파하고, 무역 1조 달러를 달성하였다. 한국은 지난 수십 년간 끊임없이 변화하고 세계를 놀라게 하였다.

일제의 식민지배, 독립운동, 정부 수립, 6·25동란, 5.16쿠데타, 4.19혁명, 5차의 경제개발 5개년 계획의 성공, 한강의 기적, 산업화와 정보화의 듀얼 갭 극복, 6월 민주항쟁, IMF 위기, 2008년 미국의 금융위기, 촛불 혁명 등 격동의 시대를 살아왔다.

그러나 우리에게는 해결해야 할 수많은 과제가 남아 있다. 계층 간 양극화, 2040 vs 5060 세대 간의 갈등, 북핵 위협, 남북 간 경제협력 vs 강경대치의 반복, 세계 171위의 초저출산, 세계 최고의 고령화 속도, 세계 1위의 노인 자살률 등이 해결해야 할 과제들이다.

4차 산업혁명으로 200년 만에 세계는 다시, 패권국과 약소국으로 갈라지는 대분기점에 다가서고 있다. 인공지능·VR·AR·로봇·BT 등 혁신적 기술들이 지능화·자동화·융합화·디지털화되어가는 기술혁명 속에서 세계가 급변하고 있다. 혁명이란 급격한 변화가 일어나는 일이다. 무인 자율 자동차가 운행을 시작하게 되면, 운전석이 없는 자동차로 자동차 설계가 바뀌게 될 것이고, 운전사를 교육하는 직업도 사라지게 될 것이다. 급격한 변화 속에서 사라져 가는 직업들. 이것이 인공지능혁명, 4차 산업혁명이다.

지금까지의 성공이 미래의 성공을 보장하는 것은 아니다. 끊임없이 변화하고 새로운 환경에 적응해 나가야 한다. 이러한 변화에 제때 적응하지 못하면 살아남기 어려울 것이다.
- 2011년 3월 11일, 일본에 9.0 대지진 발생으로 39m의 쓰나미가 몰려왔다.
- IT 기업인 IBM이 물 사업을 한다.
과거의 시각으로는 이해할 수 없는 일들이 세계 곳곳에서 매일 일어나고 있다. 지금까지의 경제이론이나 예측으로는 상상하기 어려운 일들이 일어나는 것은 변화의 속도가 빠르고 복잡하기 때문이다.

나비가 알을 낳으면, 알에서 유충이 나온다. 한 마리 애벌레는 3일 후 고치 속에 들어앉아 재탄생을 기다리고, 7일 후 나비가 되어 하늘로 날아 오른다. 애벌레는 고치의 과정을 거쳐야 나비로 재탄생한다. 이것이 삶의 순환이다. 고치는 내면과의 대화, 오직 몰두하는 수행, 자신의 질문을 뜻한다. 고치의 두려움을 겪어야 나비로 재탄생 할 수 있다.

문화

21세기는 문화산업에서 각국의 승패가 결정된다. 최후의 승부처는 상상력과 창의성, 스토리로 무장한 문화산업이다.
방탄소년단, 싸이 등 전 세계에 불고 있는 K-POP 열풍은 한민족의 집단 가무 풍습에서 비롯된 것이다. 우리 선조들은 풍년에도 어려운 일을 만났을 때도, 마을 사람들이 함께 모여 노래를 부르고 춤을 추는 풍습이 있었다. 전 세계인들의 사랑을 받는, 한류 바람의 밑바탕에는 우리 민족의 정과 흥을 바탕으로 한 집단 가무 풍습의 문화가 있다.

1960년대 초반 가나와 한국의 경제발전 상태는 아주 비슷했다. 60년이 지나, 한국은 1인당 국민소득이 3만 달러를 넘어서고, 세계 6위의 수출국으로 성장하였다. 산업화와 민주화를 달성하고, 지식기반 경제로 성공적으로 이행하였다. 가나의 1인당 국민소득은 현재 한국의 20분의 1 수준이다. 하버드대학은 1998년 여름에 개최한 심포지엄에서, 문화가 결정적 차이를 만들어 내고 있다고 발표하였다.

문화가 중요하다. 막스 베버가 말한 대로 경제발전의 역사에서 우리가 배울 것이 있다면, 문화가 거의 모든 차이를 만들어 낸다는 사실이다. 자레드 다이아몬드는 <총, 균, 쇠>에서 "서로 다른 대륙에 사는 사람들의 유구한 역사 속에서 결정적 차이를 만들어 낸 것은, 사람들의 선천적 재능이 아니라 문화와 환경의 차이였다"고 말했다. '문화'가 미래를 정의하는 결정적 요인이며, 키워드임을 실증적으로 증명해 주는 것이다.

문화란 사회의 전체적인 생활 방식이다. 문화는 어머니로서 한 사회의 제도를 낳는다. 한 사회의 가치, 실천, 상징, 제도, 인간관계 등이 모두 문화 속에 포섭된다. 따라서, 문화는 한 사회 내에서 우세하게 발현하는 가치, 태도, 신념, 지향점, 그리고 전제조건 등이라고 정의할 수 있다.

위험사회

새로운 위기, 강도 높은 위험, 테러와 범죄, 세계적인 경제위기로 인해 새로운 위험이 증가하고 있다.

<위험사회>의 저자 올리히 벡은 현대사회를 문명의 화산 위에서 살아가는 위험사회로 규정했다. 선진국이란 언제 닥쳐올지 모르는 위험을 오늘의 문제로 준비해가고, 위험이 발생했을 때 사회적 갈등 없이 해결해나가는 사회다. 올리히 벡은 한국은 아주 특별한 위험사회라고 지적하였다.

핵무기, 자연의 대재앙, 기후변화 같은 문제가 전 세계적으로 보편화되고 있다. 글로벌 위험사회에서 꼭 필요한, 인간과 자연을 조화시키는 능력을 늘 염두에 두고 생각하고 행동함으로써 국제사회의 신뢰를 끌어내야 할 것이다.

제임스 캔턴은 <극단적 미래예측>에서 미래 위험사회의 10대 트랜드를 다음과 같이 제시하였다.

1) 바이오 테러의 가능성이 크다. 이 생물학적 무기는 보이지도 않으면서 조용하고 쉽게 운반할 수 있기 때문에 사전에 적발하기가 어렵고 도시를 대상으로 쉽게 퍼뜨릴 수 있다.
2) 일종의 핵무기인 더티 밤(Dirty Bomb)이 우리의 삶·건강·재산을 위협한다. 더티 밤 하나의 방사능으로 40만 명을 오염시킬 수 있다. 이

경우, 방사성 물질에 노출된 사람은 병에 걸리거나 죽고 공격을 받은 도시는 다시는 사람이 살 수 없게 된다.

3) 3차 세계대전은 이미 시작되었다. 9·11 사태로 촉발된 새로운 종류의 세계적 분쟁은 문명 세계를 파괴하려 위협하고 있다.

4) 사이버 테러 공격이 우리에게 다가오고 있다. 무역·금융·통신·식량 공급·운송·에너지·건강 등 세계 모든 분야가 점차 하나로 연결됨에 따라 우리는 더욱 위험에 취약해지고 있다.

5) 미래의 범죄는 첨단 기술로 무장해 더욱 지능화할 것이다.

6) 개인의 아이디(ID)가 굉장한 가치를 지닌 상품으로 평가되어, 이를 훔쳐서 판매하는 일이 증가할 것이다.

7) 사생활이 존중되는 시대는 막을 내린다. 사람들은 감시당하더라도 안전한 쪽을 선택할 것이다. 여기에는 비디오를 통한 감시, 데이터 베이스 탐지, 위성 및 바이오메트릭 같은 기술이 이용될 것이다.

8) 개인의 안전을 지켜주는 사업이, 하나의 거대한 시장으로 떠오를 것이다.

9) 극단적인 신종 전염병이 발생할 가능성이 있는데, 이것은 사스·조류독감·에이즈·에볼라 같은 기존의 전염병을 형편없는 구식 전염병으로 만들어 버릴 것이다.

10) 테러를 자행하기 위해 약물·기술·도구를 이용하는 뉴로(neuro) 전쟁이 사람들의 사고와 행동을 통제하는 무기로 이용될 것이다.

지도와 나침반

다가오는 미래를 향하여 망망대해의 거친 파도와 폭풍을 헤치고 안개 속을 항해할 때, 밀림 속의 정글과 수풀을 헤치고 미래를 향하여 나아갈 때, 지도와 나침반은 우리의 길잡이가 될 것이다. 혼돈과 격변의 시대에, 우리가 나아가야 할 좌표를 새롭게 설정하고 새로운 혁명의 길을 향하여 새로운 땅을 찾아가야 할 것이다.

'타임'은 그해에 가장 많은 영향을 끼친 인물을 올해의 인물로 선정하여 발표하고 있다. 1927년 이후, 루스벨트·스탈린·마셜·투르먼·처칠·아이젠하워 등이 선정되었다. 1960년 미국의 과학자, 1966년 25세 이하의 세대(베이비붐), 1975년 미국의 여성, 1982년 컴퓨터, 1988년 위기에 처한 지구, 2006년 당신(인터넷과 웹 2.0을 통해 정보를 공유하고 만들어가는 수많은 사람을 지칭), 2010년 페이스북 CEO 마크 저커버그, 2011년 루카니코스(그리스 시위를 상징하는 개)가 선정되었다.

2012년 오바마, 2013년 프란치스코 교황, 2014년 에볼라 전사들, 2015년 메르켈 총리, 2016년 트럼프 대통령, 2017년 침묵을 깬 사람들(성희롱 피해 사실을 공개하는 미투(Me Too, 나도 당했다) 운동을 촉발한 불특정 다수의 여성)이 선정되었다. 세계 역사의 방향이 해가 지고 달이 뜨는 형국이다.

해가 중천에 떠서 태양이 작열하는 정오(음 0, 양 100)는 양이 극에 달한 상황이다. 양이 극에 달하면 마침내 음이 생겨나기 시작한다. 해가지고 날이 저물어 가면(음 50, 양 50), 달이 뜨기 시작한다. 마침내 자정이 되면(음 100, 양 0) 음이 극에 달하게 된다.
세계역사와 문명이 변곡점을 지나 대전환의 시대로 가고 있음을 알 수 있는 지도와 나침반이다.

8 장

주역이 답하다

1. 어째서 혁명

지금까지 전해오는 고전 중에서 '혁명'을 말한 가장 오래된 책은 주역이다. 주역은 혁명하는 데는 때가 중요하다고 말한다.

천지가 바뀌어 사계절이 이어지는 것처럼
탕왕과 무왕이 **혁명**을 해서
하늘에 순종하고
백성들의 믿음을 얻었으니
비로소 혁명의 때가
크게 무르익었다.
혁명을 어찌 쉽게 할 수 있겠는가?

혁명은 때가 되어야 이루어진다. 혁명의 때라고 하더라도, 때가 무르익고 사람들의 믿음을 얻어야 혁명이 이루어진다. 질긴 황소의 가죽처럼 마음속에 혁명의 뜻을 공고히 지키면서 때를 기다려야 한다. 자신의 힘만을 믿고 성급하게 혁명에 나서면 실패하게 되어 흉할 수밖에 없다.

개혁하지 않으면 사람들이 믿지 않는다. 개혁은 때가 이르러 고쳐야 믿게 된다. 주역은 사람들이 "고쳐야 할 때"라고 세 번을 외치는 소리가 들려야 비로소 그때가 이르렀다고 말한다. 드디어 혁명의 때가 오면, 혁명 지도자는 때를 기다리던 태도에서 호랑이처럼 변하여 스스로 믿음을 가지고 사람들의 신뢰를 얻어 용맹하게 혁명의 길로 나아가야 한다.

혁명이 완성되는 단계에서는 혁명 주도세력이 과거의 면목을 일신하고 새로운 사회 건설에 노력하지만, 혁명이 완수된 후에는 혁명 주체세력이었던 지도자도 수구세력으로 표변하고 사람들은 자기 이익을 지키기에만 몰두한다.

곤궁하고 목마른 자는 구덩이를 파서 우물을 만든다. 우물을 파서 침목으로 우물 벽을 정(井)자로 만들어 놓고 우물을 긷는다. 마을을 옮길수 있어도 우물은 옮길 수 없다. 우물이 오래되어 물이 나오고 진흙이 나오니 사람들에게 버림받고 새도 돌아보지 않는다. 퍼내지 않으면 물이 고여 썩는다. 우물을 치고 고쳐서(革) 뚜껑을 닫지 않고 열어 두면 우물을 찾는 사람들의 발길이 다시 이어진다. 누구라도 물을 퍼서 쓸수 있도록 베풀면 크게 길(吉)하다.

주역 48괘가 수풍정(水風井). 우물 정(井)이며, 48괘 다음 49괘가 택화혁(澤火革). 고칠 혁(革)이 놓인 이유다. 오래된 우물은 물이 고여 썩는다. 반드시 고치지 않으면 안 된다는 뜻이다.

물건을 변혁시켜서 백성들을 먹여 살리는 데는 솥(鼎)만 한 것이 없다. 그러므로 주역 50괘는 화풍정(鼎)이다. 우물을 치고 고친 다음에는 솥(鼎)을 걸고 불을 때서, 백성들을 배불리 먹여 살려야 한다는 뜻이다.

174

천하를 주유하며 곤궁한 속에서도 50세까지 가죽끈이 세 번이나 끊어질 정도로 주역을 읽었던 공자는 주역에 10개의 날개를 달아주었다.

공자는 주역이 주는 네 가지 선물을 이야기하였다.

1) 변화를 관찰하다 보면 능동적으로 행동할 수 있고
2) 괘사의 뜻을 음미하다 보면 말이 능숙해질 수 있다.
3) 상을 관찰하다 보면 곧 도구를 만들 수 있게 되고
4) 점치는 뜻을 깊이 음미하다 보면 점치는 것으로써 의혹을 풀게 되고 메아리가 응답함과 같이 미래의 일들을 알게 된다.

공자가 '기술은 하되, 창작은 아니다'라고 선언하면서 주역에 10개의 날개를 달아줌으로써 마침내 주역은 완성되었다. 그 후에 주역을 해석하는 책이 많이 나왔다. 그중에서도 명나라 말기 당시 4대 고승 중 한 사람으로 일컬어지는 지욱 선사가 <주역 선해>를 저술하였다. 명나라가 망하고 청나라가 들어서는 혼란하고 변화무상한 난세에 주역과 유교와 불교가 융합하는 시각에서 쓴 책이 <주역 선해>다.

<주역 선해> 머리말에 나오는 글은 급격한 변화와 초불확실성의 시대, 초유의 시대를 살아가는 우리에게 들려주는 이야기로 생각해도 될 것이다.

세상사는 꿈만 같아 다만 천차만별하게 변하고 있으니, 교역의 시대인가? 변역의 시대인가? 천차만별한 세상사를 다 겪어 오면서 시대와 땅이 함께 변하였는데, 변하지 않는 것은 의연하게 예전과 같구나!

나는 까닭에 "해와 달이 하늘에 머물러 있지만 운행하지 않은 듯하고, 강물과 시냇물이 서로 빠르게 흘러가면서도 흐르지 않는 듯하다"는 옛 현인의

말씀이 나를 속이지 않음을 알 수 있었다.

 그 변하지 않는 이치를 알아서 그 지극한 변화에 대응하고, 그 지극한 변화를 관찰해서 그 변함없는 이치를 체험하는 것은 항상(恒常, 늘)과 무상(無常, 덧없음)이라는 두 마리 새가 함께 노니는 것이 아니겠는가?

 내가 어찌 문왕이 유리옥에 갇혔던 일과, 주공이 유언비어로 모함을 받았던 일, 그리고 공자가 천하를 주유하던 중에도 50세까지 가죽끈이 세 번이나 끊어질 만큼 주역을 읽으셨던 일. 그 세 분의 뜻을 알 수 있겠느냐마는 주역을 완성하신 세 분 모두 나와 같은 이러한 뜻이었을 것이다. 나는 부끄럽게도 세 분 성인과 같은 덕의 배움은 없지만, 백성들이 스스로 역의 이치를 체득하여, 굳이 길함을 찾고 흉함을 피하고자 요행과 술수에 빠지지 않기를 바라는 마음이 세 성인의 뜻일 것으로 생각하여 <주역 선해>를 저술하였다.

2. 현상과
본질

 세상은 변해간다. 주역은 세상이 변하는 이치를 알고, 미래를 예측하는 것
이다. 현상은 자연계나 인간계에 어떤 모습으로 나타나는 것으로, 인간이 지
각(知覺)할 수 있는 모든 사물을 말한다. 본질은 어떤 사물의 고유한 특성과
본성(本性)을 말한다. 무상하게 변해가는 현상 속에서 언제나 변하지 않는
본질적 이치를 아는 것을 도(道)라 한다.

 자연은 쉽고 간단하게 변해간다. 천지가 있고 난 뒤에 만물이 있고, 만물이
있고 난 뒤에 사람이 있게 되었다. 한낮이 지나면 밤이 오고, 천지는 사계절
로 변해 간다. 사람은 생·노·병·사로 변해 간다. 역(易)의 이치는 쉽고 간단
하다.

 지욱선사가 <주역 선해> 머리말에 이야기한 것은, 변해가는 무상한 현상에
끌려들어 가지 말고 언제나 변하지 않는 본질을 바로 보라는 것이다. 마치
사람이 돌을 던지면 개는 돌멩이를 따라서 쫓아가지만, 사자는 돌을 던진

사람을 바로 무는 것과 같은 이치다.

개	돌멩이를 쫓아 간다	현상	무상 無常	어리석음	흉 凶	피해야할 행동
사자	돌을 던진 사람을 바로 문다	본질	항상 恒常	지혜	길 吉	취해야할 행동

3. 모든 것은 변화한다.
정해진 것은 없다.

북극성에서 빛이 지구까지 오는 데 1,000년이 걸린다. 북극성에서 빛이 500년 만에 지구까지 올 수는 없다. 그것은 연기의 법칙에 어긋나기 때문이다.

부처님이 노쇠해져서 여든 살이 되었다. 열반을 위하여 쿠시나가르로 가시던 도중 바이샬리에 머물게 되었을 때, 아난다에게 말씀하셨다.
- 아난다야, 현재에도 내가 입멸한 후에도 자기 자신을 등불로 삼고 의지처로 하여, 다른 것에 의존하지 않고 살아가는 그런 사람만이 진정한 수행자이며 내 뜻에 맞는 사람이다.

쿠시나가르에 도착한 부처님은 두 그루 사라나무 아래에서 열반에 드실 때 슬퍼하는 아난다에게 말씀하셨다.
- 아난다야, 한탄하거나 슬퍼하지 말아라. 일찍부터 가르쳐 주었듯이 사랑하는 사람이나 친한 사람과 언젠가는 헤어지지 않을 수 없다. 태어난 모든 것은 반드시 죽게 마련이다. 죽지 않았으면 하고 바라는

것은 부질없는 생각이다. 아난다야, 내가 입멸한 뒤 가르침을 말할 스승이 이미 없으니 우리들의 스승이 없다고 생각해서는 안 된다. 내가 지금까지 말한 법(法)과 계율이 내 입멸 후에는 곧 너희들의 스승이다.

그리고 부처님은 유훈으로 제자들에게 말씀하셨다.
- 너희들에게 작별을 고한다. 모든 것은 변화한다. 게으르지 말고 부지런히 힘써 정진하라.

삶은 끊임없는 변화와 충돌의 연속이다. 모든 것이 변화하는 우주와 만물의 속성에서 순간순간 변화해나가는 상황을 있는 그대로 보아야 한다. 흘러가 버리고 껍데기만 남은 현상을 돌덩이처럼 굳은 실체라고 착각하여 부여잡고 씨름하는 어리석음을 버려야 승리할 수 있다.

뗏목은 강을 건너는 데 필요한 것이다. 강을 건넜으면 뗏목에서 벗어나야 한다. 강을 건너고 들판을 지나 산정에 오르기까지 뗏목을 지고 다닌다면 그것은 어리석은 짓이다. 그물은 물고기를 잡는 데 필요한 것이다. 물고기를 잡았으면 그물은 걷어야 한다. 잠자는 침대에까지 그물을 펼쳐 둔다면 그것은 사리에 맞지 않는 일이다. 올가미는 토끼를 잡기 위하여 필요한 것이다. 토끼를 잡았으면 올가미는 버려야 한다. 상황을 있는 그대로 바라보고 자신의 무기에 의존하는 것이 승리의 길이다. 금강경의 마지막은 이렇게 말한다.

생각과 현상에 이끌리지 말고
있는 그대로를 바로 보아라.
일체 현상계의 모든 생멸법은

꿈이며, 환(幻)이며, 물거품이며,
그림자 같고, 이슬 같고, 번개 같으니
마땅히 이처럼 보아라.

 급격한 변화와 불확실성의 시대에 두려움은 적을 과대평가하여 지나치
게 움츠러들 수 있고, 분노나 초조함은 선택의 폭을 좁히는 경솔한 행
동을 초래하게 된다. 특히, 승리의 결과로 생긴 자만은 도가 지나친 행
동으로 이어져 또 다른 전쟁에서 패배하는 원인이 된다는 것이 역사상
모든 전쟁에서 드러난 교훈이다.
 그래서 모든 상황을 있는 그대로 바라보는 평상심이 승리의 토대가 되
는 것이다. 텅 빈 마음(空). 원인과 상황과 결과를 바르게 바라보는 지
혜가 승리하기 위한 전략이며, 이러한 지혜와 전략은 역사 이래 모든
전략가가 실전의 체험에서 검증한 것이다. 그중에서 가장 으뜸가는 병
법서가 손무의 <손자병법>과 미야모토 무사시의 <공·지·수·화·풍의 권>
이다.

 비어있음은 동양 철학의 중요한 개념이기도 하다. 힌두교와 불교에서
는 모든 중생이 미혹한 생각에서 벗어나 지혜를 얻는 상태를 무상(無
常)과 무아(無我), 공(空)으로 설명한다.
 노자는 "서른 개의 바큇살이 하나의 바퀴 통으로 모이는데, 수레가 쓰
임이 있는 것은 그 바퀴 통 속이 비어 있기 때문이다."고 무(無)의 쓰임
새를 역설하였다.

서른 개의 바큇살이
바퀴 통 하나로 모인다.
그 바퀴 통 속이 비어 있으므로

수레로서 쓰임이 있게 된다.

그릇을 만들기 위해서
진흙을 빚는다.
그 그릇이 비어 있으므로
그릇으로서 쓰임이 있게 된다.

방을 만들기 위해서
문을 만들고 창을 낸다.
그 방이 비어 있으므로
방으로서 쓰임이 있게 된다.

있다는 것의 이로움은
비어 있으므로
쓰임이 있기 때문이다.

√ 획일적이고 편협한 시야를 갖지 말라. 주어진 상황에 따라 유연하게
  대처하라.
√ 모든 것이 하나로 돌아가는데, 그 하나는 공(空)이다.
√ 오래된 우물은 반드시 고쳐야 한다.
√ 모든 것은 변화한다. 쉼 없이 노력하라.

 <손자병법>과 미야모토 무사시의 <공·지·수·화·풍의 권>이 공통적으로
들려주는 말이다.

4. 주역이 주는
네 가지 선물

　공자는 계사전을 지으며 특별히 스스로 자왈(子曰, 공자께서 말씀하시기를)이라는 두 글자를 넣어 "역은 지극하도다!"라고 감탄하고 있다.

　계사전은 역의 이치에 관하여 본질적인 면(体, 이치)과 현상적·표면적으로 운동하는 면(用, 작용)을 설명하고 있다. 계사전은 상(上)전 12장, 하(下)전 12장으로 나뉘어 있다. 1년이 12개월로 구성된 이치와 같다.

　공자는 역이 가르치는 근본 이치와 점(占)을 치려는 자들이 역서를 활용하는 방법을 네 가지로 구분하여 설명하고 있다.

　역에는 성인의 도가 넷이 있다.

① 역으로써 말하고자 하는 자는 그 말을 숭상하고,

② 역으로써 행동해 나가야 하는 방향을 얻고자 하는 자는 그 변화를 숭상하며,

③ 역으로써 도구를 만들려는 자는 그 형상을 숭상하며,

④ 역으로써 점(占)을 치려는 자는 그 점을 숭상한다.

이 때문에 군자가 장차 하고자 마음먹은 일이 있거나 장차 이루고자 하는 일이 있을 때, 물어서 얻는 응답이 마치 메아리가 돌아옴과 같아서 먼 것이나 가까운 것이나, 깊거나 어두운 것에 상관없이 미래의 일들을 알게 된다. 천하에 이르는 지극한 정성이 아니면 그 누가 능히 이런 것들을 얻을 수 있겠는가?

군자는 괘의 상을 보고 괘사의 뜻을 깊이 음미하고, 괘의 변화를 보고 점치는 뜻을 깊이 음미한다. 역에 네 가지 성인의 도가 있다고 함은
① 괘사의 뜻을 깊이 음미하다 보면 말이 능숙해질 수 있고
② 변화를 관찰하다 보면 능동적으로 행동할 수 있게 된다.
③ 상(象)을 관찰하다 보면 곧 도구를 만들 수 있게 되고
④ 점치는 뜻을 깊이 음미하다 보면 점치는 것으로써 의혹을 풀 수가 있게 된다.

말하고, 행동하고, 도구를 만들어내고, 점치는 것은 성인이 몸을 닦고 사람을 다스리는 일이다. 천문과 지리, 사람이 세상을 살아가는 일에 있어 이 네 가지 외에 다른 무엇이 있겠는가?

주역은 한 해의 첫머리에 개인의 운세를 점치고, 국가의 명운을 점치는 책으로 알려져 있다. '주역' 하면, 계룡산에서 수십 년간 주역을 공부하여 미래를 훤히 내다볼 수 있다는 '도사 이야기'가 떠오를 것이다.
주역은 천지를 기준으로 엮여져, 천지의 도를 다 담고 있다. 그리하여 미래를 알 수 있다. 단순히 점을 쳐서 미래를 예측할 수 있는 것은 아니다.
천지의 도는 한번 음(陰) 하면 한번 양(陽)하는 것이다. 역의 이치를 깊이 깨달으면 세상일에 대한 길흉을 미리 알고, 미래의 일들을 알 수 있다.

운명을 아는 사람은 운명에 구속되지 않는다. 운명을 아는 까닭에 운명의 노예가 되지 않고 운명을 창조해가며 살 수 있는 능력을 갖추기 때문이다. 무슨 일이든 알면, 미래를 대비할 수 있고 자유롭게 대처할 수 있게 된다.

공자는 분명하게, 자신이 저술한 계사전에 주역이 주는 네 가지 선물을 설명하고 있다. ① 말 ② 변화 ③ 도구를 만드는 형상 ④ 점치는 일이다.

주역은 단순히 점치는 책에 그치지 않는다. 5,000년 전 복희씨가 천하를 다스리던 신석기 시대와 3,000년 전 문왕과 그의 아들 주공이 천하를 다스리던 때는 왕이 하늘에 제사 지내는 제정일치 시대였다.
나라의 가장 큰 행사는 하늘에 제사를 지내는 일이었다. 천문과 지리, 사람이 세상을 살아가는 이치를 알아서 하늘에 제사를 지냈다. 국가의 존망을 결정하는 전쟁을 할 때도 64괘를 지도로 삼아 점을 쳐서 좌표를 정하고, 나아가고 물러서는 결정을 하였다.

혼란하고 소란스러운 세상. 난세에 주역은 어떤 의미가 있는가? 지금 초불확실성의 시대에 가장 확실한 사실은, 50년 후의 지구는 더는 지금의 생태계가 아니라는 것이다.
21세기 인류는 인간과 자연의 화해라는 절박한 과제를 안고 살아가고 있다. 본래 물고기가 물을 벗어나서 살 수 없듯이, 사람이 세상을 살아가는 이치도 자연을 벗어나서는 살아갈 수 없다.

사물이 극에 달하면 반드시 되돌아가는 법이다. 동양에서 출발했던 태초의 문명이 서양의 시대를 돌아서 다시 동양으로 돌아오고 있다. 만물이 간방(북동)에서 시작되고, 간방에서 끝나듯이 간방에 속한 이 한반도에서 새로운 문명이 태동할 것이다.

미래를 안다는 것은 수(数)를 아는 것이다. 수는 반드시 다함이 있고, 다한 즉 반드시 변하게 되며, 변한즉 통하고, 통한즉 오랫동안 장구(長久)하게 된다. 역을 안다는 것은 이것을 아는 것이다.

- 1이 있으면 반드시 2가 있고, 2가 있으면 반드시 4가 있다. 4가 있으면 반드시 8이 있고. 8이 있으면 반드시 64괘가 있다. 64괘가 있으면 반드시 384효가 있다. 그러나 384효는 단지 64괘이고, 64괘는 다만 8괘이며, 8괘는 다만 사상이고, 사상이 바로 음양이며, 음양이 바로 태극이다.

  태극은 본래 얻을 수 없다. 태극을 얻을 수 없으면, 곧 384효도 모두 얻을 수 없다. 그러므로 수를 바탕으로 해서 도(道)를 드러낼 수 있을 뿐이다.

- 음은 양으로 변할 수 있고, 양은 음으로 변할 수 있다. 하나가 다수가 될 수 있고, 다수가 하나가 될 수 있다. 이렇듯 수로써 도를 체득한 자는 가히 덕행을 신비스럽게 행하게 된다. 이미 수의 이치를 통해서 도를 깨닫고, 그 덕행을 신명스럽게 행할 수 있게 되면, 곧 세상사의 지극히 오묘한 것과 지극히 미세한 움직임까지도 더불어 대할 수 있게 되며, 귀신도 능히 할 수 없는 일을 성인은 또한 능히 도와줄 수 있게 되는 것이다.

이것이 '하늘보다 먼저 해도 하늘을 어기지 않는다.'는 뜻이다. 사람들은 단순히 시초(고대 중국에서 점칠 때 사용했던 쑥 같이 생긴 풀)로 점을 쳐서 변화의 수를 알 수 있을 뿐이다.

만약 역의 이치를 깨달으면, 우주 만물에 두루 작용하고 있는 역의 이치가 신령스러운 지혜의 고요히 비추는 작용 속에 나타나게 될 것이다.

9 장

미래지도를
그리자

1. 대동양 시대,
인도와 중국의 부상

세계 문명이 지중해 시대에서, 대서양 시대를 거쳐, 이제 인도양·태평양 시대가 열리고 있다. 인도양·태평양 시대를 나는 '대동양 시대'라 부른다.

포르투갈과 스페인의 탐험가들이 유럽의 서쪽에서 인도와 아시아를 향하여 태양이 바다 위에서 반짝이는 저 거대하고 드넓은 대서양으로 항해를 시작하였다. 세계 문명이 그리스·로마의 지중해 시대를 지나서 대항해 시대인 대서양 시대가 시작된 것이다.
수염이 입을 가린 스페인 선원들이 모든 물방울과 아주 작은 모래알들이 모여서 만든 것 같은 거대한 바다, 대서양을 항해하던 16세기에, 스페인 무적함대가 영국에게 무너졌다. 해상통로의 제패는 세계 제패를 뜻했다. 대서양의 제해권을 장악한 영국은 한때, 세계의 3분의 2에 걸치는 '해가 지지 않는 제국'을 건설하였다.

20세기 초, 해가 지지 않는 대영 제국에 석양이 찾아 왔다. 사회적 혁신 기술이 새로운 혁명을 만든다. 새로운 혁명을 이끌어 가는 나라가 패권국이 되는 것이다. 항공기의 등장은 함선에 의한 해양 제패 시대를 사라지게 하는 원동력이 되었다. 20세기 초 미국 중심의 세계 질서체제, 팍스 아메리카나 시대가 시작되었다.

국내 어느 대기업 회장에게 물었다.
"회장님, 세계적으로 큰 사업을 하시는데, 이러한 큰 사업을 하시는데 가장 중요한 것이 무엇입니까?"
"큰 사업에는 큰 철학이 가장 중요합니다. 대철학이 대사업을 일으키게 합니다." 그 회장의 대답이다.

대동양 시대에는 대동양 철학이 가장 중요하다. 동양 철학으로 노자의 도덕경과 붓다의 깨달음(중도), 그리고 주역을 들 수 있다. 그러면, 주역이 무엇인지 맛만 보자. 축구장만 한 쌀 창고에 쌀이 가득 차 있다. 배고프면 밥 한 그릇만 먹으면 배가 부르다. 밥맛이 무엇인지 알기 위해서는 밥 한 숟가락만 먹으면 밥맛을 알 수 있다. 쌀 창고 쌀 전부를 먹어야 밥맛을 아는 것은 아니다.

주역을 한 글자로 말하면 역(易)이다. 역(易)은 바꿀 역이며, 쉬울 이다. 세상은 쉽고 간단하게 변해간다는 뜻이다. 변화하는 자연 현상과 사람이 세상을 살아가는 데는 정연한 질서와 불변하는 이치가 있다. 그러므로 역의 이치는 변역(變易), 불역(不易), 간이(簡易)다.
모든 것은 변화한다. 삶과 죽음은 만인에게 부여된 피하지 못할 숙명이다. 세상은 흥망과 성쇠가 교차해 나간다. 세상의 변화는 기하급수적이다.

주역은 세상의 변화를 태극에서 음양이 나오고 이어서 사상이 되고 8괘에 이른다고 한다. 한 번에 두 배씩 여섯 번을 계속하면 64개를 얻는다고 한다. 주역은 세상이 기하급수적으로 변한다고 본다. 우리 몸의 유전자 암호는 A(아데닌), T(티민), G(구아닌), C(시토신) 4가지 염기들의 배열에 따라서 여러 가지 정보가 나오는데 유전자 암호는 64가지로 이루어져 있다. 염기 4개가 3개씩 짝을 지어 4의 3제곱인 64가지가 된다. 4×4×4 = 64가지다. 세상사는 하늘과 땅과 사람, 천·지·인 세 가지 재료로 이루어진다는 주역은 3차원적 인문학이면서 바이오 사이언스와도 서로 통하고 있다.

그러나 기하급수적으로 변하는 세상에도 변하지 않는 이치가 존재하고 있다. 한낮이 지나면 밤이 오고, 봄이 지나면 여름이 오고 가을이 온다. 태풍이 남쪽에서 북쪽으로 불고, 물이 높은 곳에서 낮은 곳으로 흐르고, 지구 에너지의 흐름으로 지진이 생긴다. 태어난 것은 언젠가는 사라지는 우주 법칙은 변함없이 존재한다.
만물이 극에 달하면 통한다. 양이 극에 달하면 음이 생겨나고, 음이 극에 달하면 양이 생겨난다. 양 속에 음이 있고, 음 속에 양이 있다.

주역으로 점을 치는 이치는 내가 이 세상 어디에 있는지 좌표를 설정하는 것이다. 내가 지구상에서 어디에 있는지 알려주는 이 좌표는 내가 이 우주 어디에 있는지 알려주는 좌표이기도 하다. 주역을 읽는 이유는 대전환의 시대에 어디로 가야 하는지 알기 위한 것이다.
역은 변화의 이치를 아는 것이다. 주역의 변치 않는 이치를 나침반으로 삼고, 주역 상경 30괘의 천지자연의 이치와 주역 하경 34괘의 사람이 세상을 살아가는 이치, 이 주역 64괘를 지도로 삼아 자신이 처해있는 상황과 현상이 어떻게 변해 가는지를 해석해서 어디로 가야 하는지,

그 길을 찾는 것이 주역이다.

자연은 쉽고 간단하게 변해간다. 천지가 있고 난 후에 만물이 있고, 만물이 있고 난 후에 사람이 있게 되었다.

가지에 가지를 쳐왔던 서양문명은 이제 그 가지의 끝에 다다랐다. 각 문제가 미세하게 갈라지면서 새롭게 만들어지고 있는 가지들은 끝없이 새로운 미로를 만들어가고 있다. 미로 속의 가지들은 서로가 뒤얽혀서 서로 영향을 주고 있다. 이러한 거대한 '복합적 세계 문제'는 거대한 하나의 연속체로 서로 연결되어 있음을 이해하고 만물의 세계성이라는 동태적 실상을 고려해야만 답을 찾을 수 있다. 서양 문명은 인류의 시대적 과제를 해결할 철학적 토대를 주역에서 찾기 시작했다.

중력의 공간이라는 한계 속에서 유한하고 일시적인 시간을 살아가야 하는 인간은, 외로움이 파도처럼 밀려오는 한밤에 불멸의 길과 절대적이고 무한한 행복을 찾고자 뜬눈으로 밤을 새워 고뇌하는 존재이기도 하다.

초불확실성의 시대에 서로 뒤얽혀 있는 '복합적 세계 문제'의 해결은 인간과 자연의 교감이라는 우주적 관점에서 관찰해야 답을 찾을 수 있다. 그리고 그 답은 대동양 철학에서 찾을 수 있을 것이다.

세계경제포럼은, 세계 경제에서 차지하는 주요국의 비중(2017년)을 발표하였다. 미국 24.32%, 중국 14.84%, 일본 5.91%, 독일 4.54%, 영국 3.85%, 프랑스 3.25% 순이다. 한국이 세계경제에서 차지하는 비중은 1.86%다.

중국은 19차 공산당 당 대회(2017년)에서 2050년까지 사회주의 현대화 강국을 건설해서 중국 중심의 세계질서 체제, 팍스 차이나로 가는 중국의 꿈을 실현하겠다고 발표했다.

불망초심 방덕시종(不忘初心 方得始終, 초심을 잃지 않고 시종일관하다.)으로 연설을 시작한 시진핑은 분발유위(奮發有爲, 떨쳐 일어나 할 일을 한다.) 하겠다고 말했다. 1단계로 2035년까지 샤오캉 사회(국민들의 의식주가 해결되는 사회)를 기반으로 사회주의 현대화를 실현하고, 2단계로 2050년까지 사회주의 현대화 강국을 건설하여, 미국·러시아와 어깨를 겨루는 최첨단 일류군대를 만들어 '중화민족의 위대한 부흥'을 위해 중국의 꿈을 이루겠다고 밝혔다.

시진핑이 가장 강조한 단어는 신시대(新時代)였다. 과거 중국이 걸어오지 않은 새로운 길을 열어 가겠다는 결연한 의지가 담겨 있는 단어가 '신시대'다.

존 나이스비트가 2012년 발표한 <중국의 8가지 힘 - 메가트랜드 차이나>와 팍스 차이나로 가겠다는 중국의 로드맵이 서로 일치하고 있다. 중국은 완전히 새로운 경제체제를 만들어 내고 있고, 중국은 2050년 새로운 세계의 중심이 될 것이라는 존 나이스비트의 말을 기억하여야 한다.

1970년대 이후 중국의 경제성장에 가장 큰 영향력을 행사한 인물은 덩샤오핑이다. 검은 고양이든 흰 고양이든 쥐만 잘 잡으면 된다고 하였던 덩샤오핑, 자신이 바로 고양이였다. 1820년 이후, 150년간 중국을 내리막길로 끌어갔던 몇 가지 괴물을 잘 잡은 고양이였다.

1992년 덩샤오핑은 도광양회로 대표되는 24자 외교방침(상황을 차분하게 관찰하고(냉정관찰), 우리 자신의 입지를 지켜(참은각근), 도전에 침착하게 대처하며(침착응부), 우리 힘을 아껴 보존하고(도광양회), 완강한 방어에 두드러지며(선어수졸), 지도력을 뽐내 나서지 말라(절부당두))을 발표하고, "단호하게 (미국에) 대치하고, 재주껏 (미국을) 이용하라"고 말했다.

덩샤오핑은 "24자 외교방침은 100년을 갈 것"이라고 말했지만, 신흥강국으로 부상한 중국은, 분발유위를 외치며 남중국해에서 미·일과 그리고 인도양에서 인도와 강력하게 충돌하고 있다. 굴기한 중국이 변하고 있는 것이다.

2500년 전 펠로폰네소스 전쟁은, 신흥세력으로 부상한 아테네와 기존 패권세력이었던 스파르타 간의 갈등으로 일어난 것이다. 전쟁은 초불확실성 속에서 싹이 터 나간다. 1997년 홍콩에 중국 군대가 진주하였다.

중국과 미국은 가까운 미래에 타이완 문제 등과 관련하여 첨예하게 대립하고 폭발할 것이다. 이때 중국은 더욱 강경하게 미국과 대치할 것이고, 이러한 국제정세를 통해서 중국의 새로운 지도부가 드라마틱하게 등장할 것이다. 중국이 한반도 비핵화라고 하는 말은 한반도의 비미국화를 의미하는 것이다. 우리는 국가 생존을 위하여 세계정세의 변화를 주의 깊게 살펴보아야 한다.

미국은 한국의 유일한 동맹국이며, 중국은 한국 수출의 ¼을 차지하는 시장이다. '중국의 꿈을 실현하겠다'는 신흥강국 중국과 '미국을 다시 위대하게'를 외치는 미국이 맞설 때, 한국은 어디로 가야 하나?

우리는 ① 전 국민의 합의를 거친 핵심적 국가 목표를 명백하게 설정 ② 주변 4대 강국(미·중·일·러)과 동북아의 정세변화를 실시간으로 정확하게 파악 ③ 2050년까지 국가 혁신전략을 구체적으로 준비해 나가야 한다.

2024년 인도 인구는 14억 5천만 명으로 중국 14억 3천만 명을 넘어서 인구 1위 국가가 될 것이다. 인도네시아 인구 2억 8천만 명과 인도·중국의 인구를 합하면, 31억 6천만 명이 된다.

인도 모디 총리는 2017년 2조 5천억 달러의 경제 규모를, 2025년까지 5조 달러 규모로 키우겠다고 발표했다. 2015년 7.5% 성장한 인도는, 최근 4년간 연속적으로 7% 이상 성장하였다. 2018년 세계 5위의 경제 규모로, 프랑스(6위)·영국(7위)을 넘어섰다. 언어만 1600여 개에 달하는 다인종·다문화 국가인 인도는, 유권자가 8억 명이 넘는 세계 최대 민주 국가이기도 하다.

2018년 다보스 포럼이 내건 주제는 '분열된 세계에서 공유 가능한 미래 만들기'다. 인도의 모든 화폐엔 간디의 얼굴이 그려져 있다. 비폭력 평화적 정신으로, 오랜 문화적·철학적 토대를 가지고 있는 인도는 분열하는 미래 세계를 통합할 문화적·철학적·경제적 토대를 제공할 것이다. 2040년에는 인도가 중국을 넘어서 인도, 중국, 미국이 G3가 될 것이다.

미래를 알기 위해서는 과거를 보아야 한다. 18세기 후반 영국에서 시작한 산업혁명으로 세계는 1820년 지배국과 식민지로 갈라지는 세계사의 대분기가 일어났다. 1820년 중국 청나라 건륭황제 때, 중국은 세계 최고 국가였다. 이때, 전 세계 GDP의 32.9%를 차지하였다. 이때부터 150년간 내리막길을 걷다가 1970년대 덩샤오핑의 개혁개방과 실용주의로 변곡점을 지나, 2011년 일본을 제치고 세계 2위의 경제 대국으로 굴기하였다. 세계 역사에 로마제국은 200년마다 큰 변혁을 겪었다. 중국의 왕조도 200년마다 왕조가 바뀌어 왔고, 평균 수명이 200년이었다.

2020년에서 2040년 사이에 중국 경제는 미국을 넘어서게 된다. 이 시기가 팍스 차이나와 팍스 아메리카나가 첨예하게 부딪치는 때다. 이때,

우리는 부상한 중국과 미국 간의 갈등으로 발생할 수 있는 전쟁에 대하여 잘 분석하고 균형 있게 대처해 나가야 한다. 이 또한 초유의 시대이며, 초불확실성의 시대임을 잘 말해주고 있다.

인공지능과 4차 산업혁명, 그린혁명, 인간혁명, 시간혁명, 이러한 변화들이 상호 연결되고, 융합되어 초유의 혁명 시대가 오고 있다.

산업혁명의 물결을 인식하지 못하고 나라마저 **빼앗겼던** 구한말, 한반도는 난세였다. '산업화는 늦었지만, 정보화는 앞서가자'고 밤낮을 달려서 여기까지 왔다. 이제, 새로운 혁명이 다가오고 있다. 이것은 소리 없는 혁명이며, 보이지 않는 혁명이다. 귀 기울여 들어야 하고, 마음의 눈을 뜨고 보아야 하는 혁명이다.

어디로 가야 하는지를 알기 위해서는, 어디에 서 있는지를 정확하게 알아야 한다. 우리는 어디에 서 있는가?

21세기 인류는 인공지능이 인간의 능력을 넘어서는 싱귤래러티, 특이점을 지나게 되고, 기후변화로 인한 티핑포인터에 다가서게 된다. 21세기 인류는 ① 인간과 자연의 화해 ② 종교와 종교 간의 화해 ③ 지식과 삶의 화해라는 세 가지 과제를 해결해 나가야 한다.

2. 꿈의 사회,
생존 사회

꿈의 사회

꿈의 사회(Dream Society). 롤프 옌센은 소비자의 꿈과 감성에 호소하고 이미지에 의해 움직이는, 꿈의 사회를 말했다.

이야깃거리(스토리텔링)로 고객의 심금을 울리고, 상상력과 창조력이 핵심 경쟁력이며, 문화·가치·생각·정신이 상품 가치를 결정하는 핵심요소가 되는 사회가 꿈의 사회다.

"불확실한 시대에도 한가지만은 확실하다. '꿈의 사회'가 온다는 것이다. 정보혁명 다음엔 '꿈의 혁명'이 쓰나미처럼 밀려온다." 짐 데이터의 말이다.

'꿈의 사회'는 꿈과 이미지에 의해 움직이는 사회다. 경제의 주력 엔진이 '정보'에서 '이미지'로 넘어가고 상상력과 창조력이 핵심 국가경쟁력이 된다. 방탄소년단과, 싸이가 K-POP으로 '한류'를 전 세계에 수출하고 있다. 꿈의 사회는 정보가 아닌 이미지를 소비하고, 이미지가 돈이 되는 사회다. 물질보다 의미와 스토리를 생산하고, 콘텐츠를 장악하는 자가 부를 축적할 수 있는 사회다.

꿈의 사회에서는 GNP보다 GNC(국민 총 매력)가 중요하다. GNC는 얼마나 매력적(쿨)인 나라인지를 측정하는 지표다. 매력적(쿨)인 것이 아주 중요한 자산이 된다. 초유의 혁명 시대는 보이지 않는 가치·이미지가 중요한 시대다. 사람들은 보이지 않는 것이 진정으로 중요하다는 것을 이제 깨닫기 시작했다.

1970년대 이메일을 사용하면서 이름 대신 아이디(ID)로 서로를 부르고, 1990년대 인터넷을 사용하면서 아바타를 세우는 것이 '꿈의 사회'의 초기 징후였다. 조짐을 알면 미래가 보인다. 기러기가 일찍 남쪽으로 날아오면 추위가 빨리 올 것을 알 수 있다.

· 인터넷의 접속 평등(Equal access)이 구현되어 유권자가 모두 온라인 투표로 자신의 의사를 표현하고 직접민주주의가 실현되면, 정치인은 사라질 것이다.
· 소수의 리더가 중심이 되어 사회를 이끌어 가는 체제에서 모든 사람들이 자신의 관심 사안에 대하여 투표를 통하여 결정해 가는 체제로 바뀌게 되면, 사회는 환경·세금·주택 정책들이 일정한 방향성을 띠게 되고 실수요자 중심으로 급격하게 변해 갈 것이다.

생존 사회

생존 사회(Survival Society). 이제는 살아남는 것도 중요한 미래전략인 시대가 왔다. 최근 수십 년간 국가적 어려움을 극복하면서 한강의 기적을 만든, 한국은 생존 사회에서 키 플레이어가 될 수 있는 잠재력을 가지고 있다.

2008년 미국에서 발생한 금융위기는, 자신이 감당할 수 없을 정도의 소비를 조장해 온 미국 사회가, 소비자의 빚을 통해 소비가 만들어지는 시스템 때문에 발생하였다. 미국 금융위기는 세계적 실물 경제위기로 퍼졌다. 전 세계는 경제·사회·문화적 어려움이 계속되고 있으며, 결국 생존 사회가 세계를 지배할 것이다.

미국의 서브프라임 모기지 사태로 촉발된 글로벌 금융위기에서 목격한 바와 같이, 세계는 기존의 금융시스템을 바로잡지 않으면 다시, 재앙이 닥칠 것이다. 세계 유가의 폭등과 폭락 상황과 관계없이 석유는 고갈될 것이고, 화석경제로 성장을 이끌던 시대는 끝났다는 사실도 변함이 없다. 지구 기후변화, 해수면 상승, 식수와 토양 오염, 새로운 질병이 나타나는 환경 재앙이 닥칠 것이라는 사실도 변함이 없다.

쓰나미 같이 밀려오는 미래의 위기에 대응하기 위해 컨슈머(소비자)를 쫓아가기보다는 컨서버(환경 지킴이)가 세상의 주류에 서야 한다. 컨서버는 태양광·풍력·조력을 사용하는 습관을 들이고, 오염된 물과 공기를 정화하는 노력을 하면서 자연(토양)을 회복하는데 투자를 아끼지 않는 사람들이다. 그린혁명을 이끌어가는 시대의 첨병들이다.

생존 사회에서는 경제성장률·주가지수·환율 등 숫자로 표현되는 경제 지표보다, 자살률이나 인구 증가율 등 삶의 본질을 나타내는 지표에 신경을 써야 한다. 인구 증가율의 저하는 결국 경제의 성장 잠재력을 갉아 먹을 것이고, 자살률의 증가는 예측 가능한 사회로 가는데 결정적 방해요소가 되기 때문이다.

생존 사회에서 각 사회 공동체는 그린혁명(기후변화, 안전, 맑은 물과 공기 등 삶의 질 향상)을 새로운 성장 동력으로 삼아야 할 것이다.

생존 사회의 핵심기술은 트랜스포테이션(교통)이 될 것이다. 트랜스포테이션(Transportation) 기술은, IT와 교통을 접목하여 더욱 효율적인 교통체계를 구축할 수 있다. 그뿐만 아니라, 인간과 인간, 인간과 기계가 서로 콘텐츠를 주고받는 기술, 무인 자율 자동차·선박·비행기 등 자율 운항 기술은 사회를 혁명적으로 변화시킬 것이다.

정보혁명이 변곡점을 지나, 그린혁명으로 가고 있다. 우리의 현 좌표를 명확하게 재설정하고, 쓰나미 같이 밀려오는 새로운 미래를 대비하여 미래지도를 그리고, 혁신적인 국가전략을 만들고 실천해 나가야 할 때다.

3. 미래지도를
   그리자

미래의 시각화 - 미래지도

 미래는 우발적·단절적·다차원적으로 찾아온다. 2017년 11월 15일 오후 2시 30분까지 초유의 수능 연기가 있을 줄 아무도 몰랐다. 우발적이다. 19세기 말 뉴욕이 마차로 붐빌 때, 전문가들은 50년 후 뉴욕은 마차와 산더미같이 쌓인 말먹일 풀, 말똥으로 뒤덮일 것으로 예측했지만, 실제 50년 후 뉴욕은 자동차로 가득 찼다. 이것이 단절적으로 찾아오는 미래다. 지금 눈앞에 보이는 모든 것들을 싹 지우고 새로운 장면을 상상해야 한다. 미래는 그렇게 찾아온다.

 새로운 미래를 정의하는 다섯 가지 키워드는 속도, 복잡성, 변화, 문화, 위험사회다.
 아프리카 초원에 사는 사자나 가젤이나 아침이 되면 무조건 달린다. 서로 잡아먹히지 않고, 굶어 죽지 않으려고. 이것이 속도다. 복잡성·변화·문화·위험사회도 마찬가지다.

어디로 가야 하는지 목적지를 모른다면, 그 목적지에 도달할 수 없다. 그리고 그 목적지에 도달하려면 지도와 나침반이 있어야 한다. 망망대해의 거친 파도와 폭풍을 헤치고 미래를 향하여 항해를 계속할 때, 지도와 나침반은 길잡이가 될 것이다.

플라스틱이나 강철이 없던 500년 전에 비행기의 전신인 비행체의 그림을 그려서 우리에게 남겨 놓았던 레오나르도 다빈치는 '모나리자'와 '최후의 만찬'을 그린 천재적인 화가였다.

시각적인 그림을 통하여 미래를 보여주는 것이 '미래지도'다. 제임스 캔턴이 개발한 미래지도는 개인·기업·국가가 원하는 미래를 시각적으로 그려볼 수 있고, 구성원 상호 간에 미래의 비전과 전략을 커뮤니케이션 할 수 있는 강력한 도구다.

미래지도는 전략적인 사고를 돕고 미래에 더 나은 선택을 하도록 만드는 시각적 도구이기 때문에, 미래지도를 통하여 우리는 가고 싶은 목적지를 더욱 쉽게 파악할 수 있다.

미래 트랜드는, 일반적으로 각각의 트랜드가 상호작용하여 연결된 시너지가 엄청나게 큰 힘으로 작용한다. 새로운 미래는 하나의 트랜드가 아니라, 모든 트랜드가 통합적으로 상호 연결되어 새롭게 창조되는 것이다.

'초유의 혁명'의 정체성을 명확하게 재설정하고, 목표를 분명하게 제시한 미래지도를 그려야 할 때이다.

2100년 지구상에서 112억 명이 살아가야 한다. 기후변화로 인한 티핑포인터, 특이점을 지나는 인공지능혁명의 거대한 변화, 유전자 편집 혁명, 인간혁명, 시간혁명, 분산화된 개인의 초연결 혁명, 이러한 초유의 혁명 속에서 우리는 어디로 가야 하는가?

  인류 문명은 자연과 외부환경의 충격 등, 도전에 대한 응전의 과정에서 발전해 왔다. 이전에는 듣지도 보지도 못했던 기하급수적인 변화에 대응하여 지도와 나침반을 준비하고, 더 늦기 전에 초유의 혁명으로 다가오는 새로운 미래에 대비해 나가야 한다.

  21세기는 인간과 자연의 조화, 정신과 물질의 조화라는 인류의 과제를 해결해 나가야 한다. 사회 양극화와 늘어나는 자살률, 노인 빈곤 등 사회 불안요인을 해결하고, 전체 국민이 함께 가는 지속적이며 조화로운 사회를 만들어 나가야 할 것이다.

  21세기는 대동양 시대다. 인도와 중국, 아시아가 세계 경제를 주도해 나갈 것이다. 서양의 사상은 인간과 자연을 충돌과 대립으로 인식하고 있다. 새로운 문명의 시대에 인간이 자연에 순응하는 천·지·인 합일 사상과 문화를 가진 우리나라와 인도와 중국을 비롯한 대동양권이 21세기 인류의 과제를 주도적으로 해결해 나가야 할 것이다.

  한반도는 인도양·태평양, 대동양 시대의 중심국가로서 해양세력과 대륙세력의 교차점에서 허브와 축의 역할을 주도해 가야 한다.

  우리나라는 태극기의 중심에 있는 태극과 같이 음과 양의 조화사상으로, 바람개비의 4날개인 미국·중국·일본·러시아 상호 간의 성장과 조화와 균형을 주도하는 바람개비의 강력한 축이 되어야 한다.

  바람개비의 축은 미래를 정의하는 다섯 가지 키워드인 속도·복잡성·변화·문화·위험사회를 기반으로, 유용한 미래 대안들을 찾아서 바람개비의 거대한 네 날개(미국·중국·일본·러시아)를 힘차게 돌려야 할 것이다.

바람개비의 축보다 날개가 큰 것은 당연하다. 날개가 클수록 바람은 거대하고 빠르게 축을 회전시킬 것이다. 바람이 불지 않을 때는 바람개비의 네 날개를 앞세우고, 힘차게 앞으로 달려나가야 한다. 결집한 국민의 힘과 혁신경제·혁신사회·혁신국가 전략이 강력한 동력이 될 것이다. 꿈의 사회·생존 사회를 주도해 가고, 초유의 혁명을 이끌어 갈 IT·BT·나노·인공지능·블록체인 등 21세기 사회적 기술이 강력한 엔진이 될 것이다.

21세기 사회적 기술들은 생산에 필요한 '한계비용'을 제로화시킨다. 지난 시대 집중화된 에너지·커뮤니케이션 시스템은 개별·분산화되고 있다. 이들을 초연결함으로써 지난 시대 집중화되었던 금융회사·중개기관, 집중화된 다단계 시장 시스템은 사라져 갈 것이다. 그 자리에 초연결된 노드(개별 단위)가 수평적·협력적 공유 사회를 만들어 갈 것이다.
우리는 혁신경제·혁신사회·혁신국가를 동력으로, 지속 가능한 인간의 행복과 더욱더 나은 삶(양 → 질)으로 가는 우리의 목표를 이루는 길을 찾아야 할 것이다.

미래예측과 혁신국가 전담조직 설치

전 세계 휴대전화 시장의 40%를 장악하고, 세계시장 판매 1위를 차지했던 노키아가 추락했다. 노키아는 핀란드 수출의 21%와 핀란드 전체 연구개발비의 35%를 차지하였던 기업이다.

소니 워크맨이 MP3가 나오면서 사라졌고, 노키아는 스티브 잡스가 창조한 스마트폰 시장이라는 세계시장의 거대한 흐름을 놓쳤기 때문에 사라졌다. 혁신경제·혁신사회·혁신국가 전략이라는 메가트랜드를 놓치면 사라져 가야 한다.

맥킨지는 "한국 경제는 점점 뜨거워지는 냄비 안의 개구리처럼" 둔감하게 지내다 벼랑 끝에 몰리고 있다고 진단했다.

대한민국 헌법 전문은 "우리들과 우리들의 자손의 안전과 자유와 행복을 영원히 확보할 것"을 선언하고 있다.

21세기 인도양·태평양 시대, 대동양 시대가 다가오고 있다. 세계 경제와 문명의 축이 대전환하는 시대다. 우리들과 우리들의 자손의 안전과 자유와 행복을 영원히 확보하기 위하여, 혁신경제·혁신사회·혁신국가의 길로 가야 한다. 중국도 혁신국가의 길로, 2050년 중국의 꿈을 완성하겠다고 발표했다. 미래 예측과 혁신경제·혁신사회·혁신국가 전략을 전담하는 컨트롤 타워를 설치하여야 하는 절박한 이유다.

미래 예측과 혁신 전략을 위하여, 국가 전체 자원의 집중과 효율적 배분을 위하여 국가전략 차원의 연계와 협조는 필수적이다.

지속적인 선택과 집중·혁신전략을 전담하는 컨트롤 타워 설치 시, 이

상형은 각국의 고유한 경험과 국가전략에 따라 다를 것이다.

우리나라는 1995년 전 세계에서 유례가 없는 정보혁명 전담부처인 정보통신부를 설치하고, 정보화촉진 기본법 제정과 민·관 합동의 초고속 정보화 추진위원회를 신설하여 IT 인프라 구축을 성공적으로 수행한 경험이 있다. 이러한 경험은 우리의 커다란 자산이다. 이러한 유형·무형의 소중한 자산은 지키고 가꾸어 나가야 한다.

미래는 열려있고 예측할 수 없이 다가온다. 혁신경제·혁신사회·혁신국가 전략을 마련하고, 국가혁신 전략 전담조직이 면밀하고 집중적으로 미래전략을 추진해 나가야 한다.

- 초유의 혁명에 대비하는 혁신국가 전략 마련
 · 숨 가쁜 인공지능혁명. 자동화·지능화 기술의 융합과 초연결의 4차 산업혁명. 기후변화 티핑포인터로 인한 그린혁명. 인간의 무한한 내적 자원을 끌어내는 인간혁명. 유한한 자원인 시간이 최고의 가치가 되는 시간혁명. 유전자 편집기술. 이러한 변화들이 상호 연결되고, 융합되어 다가오는 초유의 혁명에 대비하는 혁신국가 전략 마련.

- 전 국민이 합의하는 '2050 핵심 국가목표'를 명확히 설정
 · 전 국민이 합의하는 2050년까지 달성할 국가 미래전략의 단계적·전략적 추진
 · 인도와 중국의 부상으로 인도양·태평양 시대가 오고 있다. 영원할 것 같았던 동·서독의 장벽이 예상치 못하게 갑자기 무너지는 것을 우리는 지켜보았다. 역사적·지리적으로 한반도는 통합되어야 한다. 주변 4대 강국(미국·중국·일본·러시아)의 움직임을 사전에 자세히 파악하고, 결속력을 강화해 나가야 한다.

- 북한 비핵화 전략으로 한반도 평화와 동북아 국제정세 안정화 추진

- 생존 사회 핵심 키인 미래운송 인프라 구축
 · 그린에너지 성장 동력화, IT 융합 기술 개발, 생존 사회 핵심 키인
   미래운송 인프라 구축
   * 민간합동 추진위원회 구성, 인프라 투자계획 수립, 특별법 제정
   * 남북한 연결 고속철도와 중국과 시베리아 횡단 고속철도망 연결 →
     동북아 물류 교통 중심기지화

- 미래를 정의하는 다섯 가지 키워드와 바람개비 국가혁신론 강력 추진
 · 미래를 정의하는 다섯 가지 키워드 : 속도, 복잡성, 변화, 문화, 위험
   사회
 · 바람개비 국가혁신론 강력 추진

[바람개비 국가 혁신론]

☐ 21세기 비전

· 삶의 질 향상과 지속 가능한 국민 행복
· 한반도의 통합으로 대동양 시대의 연결·주도
· 사회적 기술 혁신으로 초유의 혁명 선도
· 그린혁명으로 지속 가능한 발전

☐ 바람개비 날개와 축

· 바람개비, 네 날개 : 미국, 일본, 중국, 러시아
· 바람개비 축
  - 미래를 정의하는 5가지 키워드 : 속도, 복잡성, 변화, 문화,
  위험사회
  - 초유의 혁명을 불러오는 사회적 기술
  - 자연과의 화해, 양극화 해소 등 균형과 조화
  - 꿈의 사회, 생존 사회
  * 통합된 국민의 힘으로 축과 연결된 손잡이를 함께 잡고
  힘차게 앞으로 달려 나가 바람개비의 네 날개를 돌린다.

☐ 동력

· 혁신경제·혁신사회·혁신국가 전략

4. 삶의 질 향상과
지속 가능한 국민 행복

 1980년 미국은 세계 GDP의 49%를 생산하였다. 물질적 성공과 기회가 기다리는 아메리칸 드림은 20세기 후반 내내 전 세계인이 갈망하는 꿈이었다. 아메리칸 드림은 개인의 자유와 행복을 확보하는 수단으로 물질적 가치를 중시하는 생각에서 싹터왔다.

 2009국의 신경제재단(NEF)이 실시한 국가별 행복지수(HPI)에서 전 세계 GDP 1위인 미국은 조사대상 143개국 중 114위를 차지했다. 영국은 74위, 프랑스는 71위였다. 가장 행복한 나라는 중남미의 섬나라 코스타리카였다.
 유엔 지속발전해법네트워크(SDSN)가 2017년 세계 행복의 날(3월 20일)에 발표한 세계 행복 보고서에서 미국은 14위였다. 가장 행복한 나라는 노르웨이였다. 국가별 행복도는 조사기관과 조사방식에 따라 큰 차이가 나타난다.

 2012.4.2일 부탄 총리가 유엔 총회에서 국민 총생산(GNP)지표를 국민

총행복(GNH)지표로 대체할 것을 제안했다. 영국 신경제재단(NEF) 조사 결과(2010년) 부탄은 국가별 행복지수 1위를 차지했다.

21세기에 들어와서 GDP가 인간의 행복과 삶의 질을 정확하게 측정해 주지 못한다는 인식이 확대되었다. 개인이 고립상태에서 홀로 번창하는 것이 아니라, 사회적 연대와 다른 사람과의 깊은 관계 속에서 행복을 느낀다는 사실을 깨달음으로써 공동의 가치를 강조하고 삶의 질을 측정할 수 있는 '행복지수' 개발에 관심이 집중되고 있다.

국민 행복과 삶의 질을 측정하기 위하여 GDP를 대체할 지표를 찾기 위하여 세계은행과 UN 등에서 많은 시도를 하였다. 지속 가능한 경제복지지수(ISEW), 참 진보지표(GDI), 포드햄 사회건강지수(FISH), 경제적 웰빙지수(IEWB) 등이 대표적인 것이다.

GDP를 대체하는 지표를 만들려는 최초의 시도는 1989년 세계은행의 허만 데일리와 존콥이 만든 지속가능한 '경제복지지수'였다. 프랑스 정부와 EU 집행위원회는 진정한 건강과 경제와 시민의 복지를 판단할 수 있는 생활 지표를 만들기 위하여 국가적인 연구를 지속하고 있다.

삶의 궁극적인 목표가 소득과 경제가 아니라 행복이라고 생각한다면, 행복에 영향을 미치는 것의 50%는 유전적 요소이며, 40%는 개인의 의도된 활동, 10%가 소득에 있다고 하는 심리학자들의 말을 귀담아들을 필요가 있다.

결국, 행복은 사회 구성원들이 서로 도우면서 살아가는 '신뢰'가 쌓여서 얻어지는 것이기 때문이다.

잡아함경에 부처님이 한 비구와 대화하는 장면이 나온다.
"비구여, 물질은 변화하는 것인가, 불변하는 것인가?"

"스승이시여, 물질은 변화하는 것입니다."

"물질이 변화하는 것이라면 그것은 괴로움이겠느냐, 즐거움이겠느냐?"

"스승이시여, 그것은 괴로움(苦)입니다."

"물질은 변화한다. 모든 것은 변화한다. 변화하는 것은 괴로운 것이다. 변화하는 것의 실체는 무상(無常, 덧없음)이다. 그것을 바로 보라"

중력의 공간이라는 한계 속에서 유한하고 일시적인 시간을 살아가야 하는 인간은 외로움이 파도처럼 밀려오는 한밤에 불멸의 길과 절대적이고 무한한 행복을 찾고자 뜬눈으로 밤을 새워 고뇌하는 존재이기도 하다.

유엔 지속가능발전해법네트워크(SDSN)가 발표한 '2017 세계 행복 보고서'에 우리나라는 155개국 중 56위에 머물렀다.

현재 한국은 자살 사망률이 인구 10만 명당 25.6명(2011년 31.7명)으로 OECD 평균의 2.4배에 달한다. 노인 빈곤율도 66~75세 노인 42.7%로 OECD 평균의 4배, 76세 이상 노인 60.2%로 OECD 평균의 4.2배에 달해 OECD 국가 중 압도적 1위를 차지하고 있다.

선진국에서 200년간 성취한 과정을, 40년간 압축 성장으로 달성해온 한국은 'OECD 최장 노동시간 국가'다. 무한경쟁과 사회적 양극화의 악순환 속에서 나타나는 구조적인 사회문제에 대하여 지혜를 모아서, 함께 해결해 나가야 할 것이다.

세계미래학회 컨퍼런스(2009년)에서, 향후 수십 년간 세계를 움직일 '미래사회 변화 동인'을 발표하였다. 35가지로 선정된 미래사회 변화 동인 중 중요도 1순위는 경제체제 내 윤리문제의 부각, 2순위는 GNP와 GDP 지표를 대체하고 삶의 질을 반영할 새로운 지표 등장이다.

[중요도가 높은 10가지 미래 변화 동인]

순 위	이 슈
1	경제체제 내 윤리문제의 부각
2	GNP와 GDP 지표를 대체하고, 삶의 질을 반영할 새로운 지표 등장
3	공기, 해양 등 글로벌 공유재를 보존하기 위한 국가간 합의
4	집단 지성(Collective Intelligence)의 활용
5	온라인 교육 시스템 확산 - 지속적으로 업데이트되는 커리큘럼
6	투명성 증가에 따른 정보 격차 감소
7	상품의 가격에 자연 자원 보존을 위한 비용을 추가
8	남성과 동등해지는 여성의 정치 경제적 역할
9	조세피난처와 비밀 계좌의 외부 공개 증가
10	부의 개념 재(再)정의: 물질적 가치 보다 지식이나 경험 중시

우리나라도 삶의 질 향상과 지속 가능한 국민 행복을 측정할 수 있는 새로운 지표를 개발하고, 양극화 해소와 경제체제의 투명성 확보를 위하여 적극적으로 노력하여야 한다. 이것은 21세기 내내 글로벌 이슈로 주목받을 미래의 주요 변화 동인이기 때문이다.

5. 한길만
더 파라

"벽오동 심은 뜻은 봉황을 보렸더니
내 심은 탓인지 기다려도 아니 오고
밤중에 일편 명월만 허공에 걸렸어라"

이 시는 조선 중기 작자 미상의 시다. 봉황은 벽오동 나무에만 둥지를
짓고, 봉황이 나타나면 온 세상이 태평하게 된다는 상서로운 새다. 벽
오동을 심어놓고 봉황을 기다리는 마음이 잘 나타나 있다.

미국이 지식정보사회에 진입한 지 63년. 이제 세계는 정보혁명이 변곡
점을 지나 초유의 혁명으로 가고 있다. 다가오는 새로운 혁명은, 소리
없는 혁명이며, 보이지 않는 혁명이다. 귀 기울여 들어야 하고, 마음의
눈을 뜨고 보아야 하는 혁명이다.
기후변화로 인한 티핑포인터, 특이점을 지나는 인공지능혁명의 거대한
변화, 유전자 편집 기술로 인한 바이오혁명, 인간혁명, 시간혁명, 분산
화된 에너지·사람·사물의 초연결 혁명. 이러한 변화들이 상호 연결·융합

하여 다가오는 초유의 혁명으로 200년 만에 세계는 다시, 패권국과 약소국으로 갈라지는 대분기점에 다가서고 있다.

산업혁명의 물결을 인식하지 못하고 나라마저 빼앗겼던 구한말, 한반도는 난세였다. '산업화는 늦었지만, 정보화는 앞서가자'고 밤낮을 달려서 여기까지 왔다.
지난 역사의 쓰라린 전철을 되풀이하지 않도록, 세계 역사의 대분기점에서 우리는 미래 예측과 혁신경제·혁신사회·혁신국가 전략을 전담할 컨트롤 타워를 설치하고, 국민적 힘을 결집하여 통합된 하나의 힘으로 힘차게 앞으로 나아가야만 한다.

"일을 성취하는 것은 우물을 파는 것과 같다. 우물을 아홉 길이나 팠더라도 샘물에 미치지 못하면 오히려 우물을 버리는 것이 된다." 맹자의 말이다. 아홉 길을 파 내려간 노력도, 목적을 이루기 전에 그만두면 그 노력은 헛일이 되어 버린다. 한 길만 더 파면, 맑은 물이 솟구쳐 오를 것이다.

배울 학(學)은 배움이 반, 가르침이 반으로 완성된다. 칸막이를 없애고, 연결하고 융합하는 '2050 국가 비전'은 진정으로 배움을 완성하고, 가르침을 완성하는 길이다.

우리는 혁신경제·혁신사회·혁신국가 전략을 동력으로, 21세기 비전(삶의 질 향상과 지속 가능한 국민 행복, 한반도의 통합으로 대동양 시대의 연결·주도, 사회적 기술 혁신으로 초유의 혁명 선도, 그린혁명으로 지속 가능한 발전)을 완성하는 우리의 목표를 향하여 봉황을 기다리는 마음으로 각자의 위치에서 스스로 질문하고, 더 나은 행복과 인류의 생존·번영을 위하여 봉황을 기다리는 마음으로, 각자 자신의 위치에서 한그루 벽오동을 정성껏 심고 가꿀 일이다.

더 늦기 전에

1. 더 늦기 전에

21세기는 노자의 시대다. 노자는 '도덕경'에서 "사람은 땅을 본받고, 땅은 하늘을 본받고 하늘은 도를 본받는다. 그리고 도는 자연을 본받는다"고 하였다. 사람은 자연을 본받기 위해서, 작위적이고 부자연스러운 생활양식을 버리고, 천·지·인의 근본 질서인 우주의 근본 이치를 따라야 한다. 노자가 말하는 자연은 산과 강, 바다와 같은 자연(nature)을 가르키는 것이 아니다. 여기에서 자연은 천·지·인의 근원적 질서인 우주의 근본이치인 도(道, Tao)를 상징한다.

21세기 인류는 인공지능이 인간의 능력을 넘어서는 싱귤래러티, 특이점을 지나게 되고, 기후변화로 인한 티핑포인터에 다가서게 된다. 21세기 인류는 ① 인간과 자연의 화해 ② 종교와 종교 간의 화해 ③ 지식과 삶의 화해라는 세 가지 과제를 해결해 나가야 한다. 21세기 인류가 당면한 과제 중 인간과 자연의 화해가 으뜸가는 과제다.

18세기 후반 영국에서 시작한 산업혁명으로 전 지구적 환경생태계는 파괴되어왔다. 20세기 과학기술과 황금만능주의인 물질문명의 확산, 급속한 경제발전의 추구로 화석 연료는 고갈되고, 기후변화로 인한 지구의 위기와 제6의 생물 대멸종 시대가 다가오고 있다.

산업화와 정보화로 인한 이중 격차(Dual gap), 가진 자와 못 가진 자 간의 양극화와 불평등 심화. 부유한 나라와 가난한 나라 간의 양극화로 인하여 세계 질서의 불안 요인이 심화하고 있다. 21세기 인류가 당면한 한계상황은 인류의 지속 가능한 생존을 위해서, 인간과 자연의 조화로운 공생과 물질문명과 정신문명이 균형된 삶을 위하여 자연의 목소리에 귀를 기울여야 한다.

1968년 이탈리아의 아우렐리오 페체이의 주도로 결성된 로마클럽은 1972년 인구, 식량자원, 천연자원, 산업발전, 오염이라는 다섯 가지 요소를 기반으로 지구의 미래를 예측한 보고서인 <성장의 한계>를 발표하였다. 이어서 <인간과 자연> <마이크로 전자기술과 사회> <제1차 지구 혁명> <확실성의 한계> 등을 잇달아 발표하여 화석연료 위주의 고도성장에 대한 염려를 나타낸 지 50년이 되었다.

그레이엄 터너는 2008년, 1970년부터 2000년까지 30년간의 데이터를 기반으로 <성장의 한계>를 검증한 결과, 로마클럽의 시뮬레이션 예측 모델이 맞았음을 인정하였다. 터너는 인류의 무자비한 소비가 자원 고갈과 오염증가로 이어져 21세기가 끝나기 전에 세계는 파멸하고 붕괴한다는 시나리오가 가장 현실과 닮은 것으로 발표하였다.

2011년 남아프리카 더반에서 열린 제17차 유엔 기후변화협약 당사국 총회 결과, 단일한 법적 체제 아래서 모든 국가가 참여하는 실질적 감축 행동의 전기가 마련되었고, 세계 195개국이 2015년 12월 21일 파리에서 모든 국가가 이행하여야 할 강제력이 있는 '기후변화협정'을 체결하였다. 이 협정은 나고야의정서가 만료되는 2020년부터 적용될 것이다. 이제 세계는 인간과 자연, 경제와 문화를 고려하는 '지속 가능 성장 시대', 그린혁명의 시대가 도래하였다.

아우렐리오 페체이는 "인간이 욕망에 지배되어 물질적, 환경적 조건의 충족에 따른 행복 추구에 사로잡히면 참 행복은 없다. 이기적인 욕망이나 본능적 충동에 지배당하지 않는 주체성을 확립해 타인과 협조하여 자연과 조화를 이루는 삶이 참된 행복 실현의 길이다. 그 삶은 인간의 생명에 내재하고 우주 만물을 통합하는 영원한 법칙에 융합해 가는 속에서 이루어진다. 그곳에 인간혁명의 길이 있으며, 인간은 내면의 변혁을 이루지 못하면 인류가 짊어진 모든 문제를 해결하지 못한다. 외부자원은 한정되어 있지만, 인간의 내적 자원은 무한하다. 그 자원을 끌어내는 것이 인간혁명이다. 다음 세대를 위하여! 더 늦기 전에 해나갑시다."하고 생전에 늘 외치고 다녔다.

페체이 박사가 1984년 사망하기 전 발표한 <인간과 자연>은 그의 이러한 생각이 잘 드러나 있다. 21세기라는 케이크의 다섯 조각 중 한 조각을 다 먹은 지금, 21세기를 살아가야 할 인류에게 남긴 그의 글은 너무나 또렷하게 변함없는 길잡이가 될 것이다.

2. 서로 뒤얽혀 있는
문제들

　먼 옛날부터 지속하고 있는 문제들과 오늘의 복잡한 문제들은 서로 뒤얽혀서 새로운 문제들을 낳고 있다. 우리는 폭발적으로 쌓여가는 막대한 지식·정보와 과학기술의 발전에도 여전히, 새롭게 발생하는 문제들을 해결하지 못하는 당혹감과 무력감에 빠져 극복할 수 없는 위기감을 느끼고 있다. 세계를 불안정하고 예측할 수 없는 위험으로 빠뜨리고 있는 뒤얽힌 요인들이 아주 산재하여 있는 것은 극히 명료한 사실이다. 무수한 원인의 근저에는 인류가 전 지구적 규모에서 달성한 모든 생명체에 대한 우위적 입장, 바로 그것이다. 인간이 획득한 절대적 지배자 입장은 지나칠 정도로 급격한 것이어서 우리는 거기에 충분히 순응하지 못하고, 만족스럽게 통제하는 기술도 발견하지 못하고 있다.

　오늘 새롭게 발생하는 모든 문제는 과거의 정치·경제·군사적 난제들을 해결하듯이 문제들을 취급함으로써 상황이 더욱 악화하고 있다. 지금까지 해왔던 것처럼 단순하고 독자적이며 개별적인 문제 처리 방법은 현재 완전히 새로운 상황에 부닥치게 되었다. 이러한 상황들은 인간 시스템 전체의 기능부전에서 생기고 있다.

 가지에 가지를 쳐왔던 서양문명은 이제 그 가지의 끝에 다다랐다. 각 문제가 미세하게 갈라지면서 새롭게 만들어지고 있는 가지들은 끝없이 새로운 미로를 만들어가고 있다. 미로 속의 가지들은 서로가 뒤얽혀서 서로 영향을 주고 있다. 이러한 거대한 '복합적 세계 문제'는 거대한 하나의 연속체로 서로 연결되어 있음을 이해하고, 만물의 세계성이라는 동태적 실상을 고려해야 답을 찾을 수 있다. '복합적 세계 문제'를 각 문제에 대하여 개별적으로 해결하려는 시도는 무모한 노력이다. 하나는 전체와 연결되어 있다. 따라서 원인과 해결책 대한 접근은 모두 거대한 하나의 연속체로서 뗄 수 없이 연결되어 있다는 실상을 고려해야만 한다.

 샤르댕은 "사물을 관찰할 때에는 어느 각도에서 볼 것인가가 더욱 중요하다"고 하였다. 현재의 '복합적 세계 문제'를 포괄적으로 검토하기 위해서는 몇 가지 착안점을 찾아야 한다. 현대인들은 경제적인 고찰을 가장 중요시하지만, 경제적인 측면은 주로 특정한 국가나 계급·문화의 이익을 반영하거나, 예기치 못한 긴급사태에 대처하는데 유용한 수단이 될지라도, '복합적 세계 문제' 전체를 해결하는 대표적 수단이 될 수는 없다.
 우리는 인간 시스템 전체의 핵심을 찌를 수 있고 또한 전 지구적 시야를 가질 수 있는 착안점을 찾아야 한다. 이것이 인간과 자연과의 관계를 최우선으로 함으로써만 가능한 이유다. 인류의 생존과 지구에 닥친 위기의 근본 원인이, 인간과 자연의 비정상적 관계에서 비롯되었으며,

미래 인류의 생존을 결정적으로 좌우할 것임이 확실하기 때문이다.

우리는 인간이 생물·물리적 세계와의 관계 속에서 어떤 처지에 있는가를 고려해야만 한다. 우리는 그 세계 속의 일부분을 구성하고 있으며 우리의 존재 자체가 궁극적으로 그 세계에 의존하고 있기 때문이다.

3. 일주일간의
지구 연대기

 따라서 우리의 시야는 공간적·시간적 척도에 있어서 매우 원대해야만
한다. 인류가 지구상에서 차지하고 있는 지배자 적 처지는 무수한 세월
동안 인류의 조상들이 주도해온 끈질긴 증식과 정복에 따른 결과이다.
인류가 어디로 가야 하는지 알려면, 어디서 왔는지? 어디에 서 있는지?
를 정확하게 인식해야 한다.

 우주의 시작은 137억 년, 태양은 50억 년, 지구는 약 46억 년 전에
형성되었다. 생명은 지구의 원시 바다에서 약 37억 년 전에 탄생하였
다. 지구의 형성과 생명의 탄생을 일주일의 연대기에 비교하여보면 더
욱 간단하게 이해할 수 있다.
 지구가 월요일의 최초 1분 동안에 탄생했다고 가정하면 생명은 목요일
아침 일찍 태동하기 시작하였다. 그 후, 조금씩 그러나 끊임없이 몇십
억 종이나 변종으로 태어나서. 번식하고 진화하여 새로운 변종을 낳고
분화해 왔다. 장구한 시간이 흘러서 포유동물이 출현한 것은 약 2억 년

쯤 전이다. 일주일간의 지구연대기로 보면 토요일 저녁이 이미 저물어 갈 무렵이다.

최초의 유인원이 삼림을 버리고 평지로 나와 직립보행을 하고 수렵·채집을 하기까지 매우 오랜 시간이 필요했다. 직립보행을 시작하게 된 유인원들은 자유롭게 된 양손으로 새로운 일을 할 수 있다는 것을 깨닫게 되었다. 이로 인하여 두뇌가 발달하고, 더불어 역사적인 인간화 과정이 시작된 것이다. 이것이 1천만 년 전에 일어난 일이니 일주일간의 연대기로 보면, 토요일 오후 11시 45분에 해당하는 시간이다.

이 짧은 최후의 시간이 지나가려 할 때 중대한 사건이 다가왔다. 자연이 낳은 최후의 중요한 존재인 호모사피엔스가 지구상의 곳곳에 첫선을 보인 것은 1백만 년 전, 자정을 알리는 시계 소리와 함께였다. 그리하여 <인간의 시대>가 시작되었으나, 인간이 행한 최초의 일은 다른 영장류 그리고 각종 다른 생물과 투쟁하는 일이었다. 인간의 등장과 더불어 일요일은 다른 요일들과는 현격히 달라졌다.

현재 인간은 일요일 아침의 시발점에 있다. 인간은 다른 생물 중에서도 아직 신참자이다. 인간의 출현과 더불어 이 행성에서 모든 것이 변하였다. 인간에 의해 시작된 새로운 시대는 지극히 불균형적이고 기묘한 것이다. 이 시대는 2기로 나눌 수 있다. 인간 백만 년 역사의 99%를 차지하는 선사시대와 그 후의 유사시대가 그것이다. 선사시대를 통하여 인간은 강인함을 몸에 익혔으나, 아직 원시적이었고 비교적 느린 속도로 일을 진척시켰다.

그러다 1만 년 전부터 인류는 돌연히 만사를 선택하는 속도가 빨라졌다. 그로 인해 인류의 조상이 뚜렷이 한 것이나 기록한 것, 전승해준 모든 것은 유사시대라 불리는 1만 년 동안에 일어난 것이다. 이 기간은 인간 시대 전체의 불과 1%에 지나지 않는다. 더구나 일주일간의 지구 연대기 전체를 통틀어 겨우 1초에 해당하는 시간에 불과하다.

4. 물질혁명의
성과

　비교적 짧은 유사시대에, 인간들은 선사시대의 전체 기간에 그들의 조
상이 이룩한 것보다 경악할 정도로 많은 것을 이루었다. 그 후, 지구를
탐험하며 식민지나 교역지를 만들고 마침내 강대한 제국을 구축하여 인
간의 지배를 강화하였다. 인간 정신은 스스로가 새로 만든 종교에 의하
여 더욱 고양되고, 인간 생활은 예술과 문화에 의하여 더욱 풍성해졌
다. 탐구적인 인간의 마음은 물질의 본질이나 생명의 불가사의에 대하
여 더 많은 것들을 배우도록 단련되었다.

　그러나 생명이 탄생한 이래, 그때까지 인간의 진보는 항상 자연에 대
한 경의와 존엄으로 가득 차 있었다. 새로운 토지나 하천, 식물들을 발
견했을 때, 혹은 망망대해를 보다 안전하게 항해하는 기술을 배웠을 때
인류는 자신들을 품고 있는 지구라는 환경의 압도적인 위력과 장엄함에
감사하고 경의를 표한 것이다. 이러한 인간의 진보는 완만한 속도로 이
루어져 왔다.

그러나 그 후 인류의 변화속도가 빨라지고, 인간이 자신을 보다 강자로 인식함과 동시에 자연계의 사건이나 그 속박에 의존하는 것이 점차 줄어들게 되었다.

가장 새로운 가속의 단계는 지금부터 약 200여 년 전에 시작되었다. 그 후 가속된 속도는 산업·과학·기술 각 분야에 혁명의 바람을 일으켰다. 이러한 물질혁명은 더욱 예기치 못한 결과를 초래하고 있다. 인류는 자신의 의지와 욕망을 즉석에서 해결하고자 무책임하고 난잡한 행동을 하는 데 한계를 두지 않는듯하다. 타인에게 가하는 희생이나 모든 윤리적 기준이 침해되는 것은 상관하지 않고, 지상 권력을 위하여 서로 다투며 즉석에서 이익을 탈취하기 위하여 살인적인 경쟁에 몸을 내던지고 있다.
사실 현재 인류의 뛰어난 힘과 지식이 최대한 악용되고 있고, 그에 따라 최악의 결과가 생겨나고 있는 것은 인간이 자신의 힘과 지식을 과신하여 너무나도 오만하고 자기중심적으로 되어 자연과의 교감(communion)을 망각해 버렸기 때문이다.

먼 옛날부터 무수한 동식물은 인간의 동료였고 인류의 생존을 뒷받침해 주었다. 그런데도 인류는 오늘에 이르러 그들을 극히 단기간에 무제한으로 참살하고 있다. 또한, 다른 생물들과 함께 의존하고 있는 대지나 공기와 물 그 자체를 오염시키고 황폐하게 함으로써 자신의 생존 환경까지도 악화시켜왔다.
인류는 무질서하게 확산하는 인공적인 도시나 대규모 공장지대 등 온갖 종류의 인공적 구조물을 폭발적으로 확장해 왔다. 이러한 공간이나 인공 구조물은 자연구조를 희생으로 만들어진다는 사실과 인간을 반자연적이며 기계적이고, 과대하게 짜인 틀 속에 복종시키는 것임을 생각하지 않은 결과다.

인류는 이제 값비싼 대가를 치러야 한다는 사실을 겨우 인식하기 시작했다. 그것은 지구가 다양한 형태의 생명체 공헌으로 현재의 모습으로 존재하고 있고, 그로 인해 세상이 더욱 아름답고 관대해진다는 사실을 인식하기 시작한 것이다. 지구를 마치 인간들만의 거주지인 양 개조하려 하였던 인간의 끝없는 욕망에 대한 성찰이 시작된 것이다.

5. 우리 모두의
   자각

일주일간의 지구 연대기로 살펴본 우주적 시간과 인류 역사의 비교는 정밀한 것은 아니지만 우주적 시간의 틀 속에서 차지하는 인간이라는 존재의 실상을 깨달을 수 있고, 동시에 인간은 우주와 연결된 동태적 실상이라는 점을 강조하고 있다.

인간과 자연의 일체성이야말로 인간 존재의 근본 요소임을 시사함과 동시에 자연과 분리되고 자연을 해치는 어떤 행동도 결국은 인간 자신이 피해자가 된다는 것을 강력히 경고하는 것이다.

다시 말해, 인간이 지구상에서 자신을 지배자의 위치로 끌어 올렸지만, 인간이 자신의 소유라고 주장하는 이 행성 위에서 탐욕으로 무장한 폭군으로서 행세를 멈추지 않는 한, 인간의 처지는 위험하게 될 것이며 어쩌면 멸종의 위기를 맞게 될지도 모른다는 사실이다.

포괄적으로 말하면, 인간의 방대한 힘과 지식을 사용하여 이 생명 조직체를 어떻게 변화시킬 것인가에 인간의 미래가 달려있다는 것이다.

중요한 사실은 지구가 생긴 이래 처음으로, 인류의 미래는 전 지구적 생태계의 미래가 결정할 것이라는 사실이다. 각각 독립된 국가나 지역이 분리되어 결정될 운명이 아니라, 인류 전체가 하나의 단위로 연결되어 포괄적으로 미래가 결정되리라는 사실을 명심하여야 한다.

잊히고 있는 사실이지만, 인간의 생존은 기본적으로 자연이 우위에 있다. 그러나 인간은 동시에 자연과의 관계를 변혁해 나갈 지혜도 함께 가지고 있다. 이 두 가지 사실을 동시에 고찰해 보는 것은 매우 중요하다. 양 측면을 다양한 형태로 고찰해봄으로써 인간의 시야는 비로소 폭넓게 형성되는 것이다.

이것은 마치 하나의 주제에 의한 변주곡이 다양한 형태의 아름다운 음악을 들려주는 것과 같다. 예를 들면, 인간은 지구상에 출현한 이후 살아남기까지 오랜 세월 동안 항상 수세에 몰려있는 약자의 처지였다는 사실이다. 일찍이 인간의 개체 수가 매우 적었다는 사실은 어떠한 시대에서도 생각해 볼 가치가 있다.

인간은 수십 세대에 걸쳐 가족이라는 테두리 속에서만 생활하였다. 두뇌와 손의 기능을 발달시키게 되자, 피신처를 만들기도 하고 도구를 사용하고 무기를 생산하였다. 야생동물들로부터의 위협과 기후의 격변으로부터 자신을 스스로 지킬 수 있게 되자 최초의 원시사회를 형성하게 되었다. 인간이 종족으로써 존재할 수 있었던 것은 선사시대 이래 지켜온 진취적 기질 덕분이다.

인간을 둘러싼 많은 변화가 일어나기 시작한 것은 1만 년 전의 일이다. 이후 식물과 약초, 가축을 키우고 식량을 다음 계절까지 보존하게 됨에 따라 인류는 차츰 한곳에 뿌리를 내리게 되었고 마침내 촌락을 형성하게 되었다. 그 후 인구가 증가하고 인류의 팽창속도나 규모가 급변해 갔고 그 속에서 고도의 문화가 꽃피게 된 것이다. 이러한 거주·정복·지배라고 하는 역사의 주기 속에서 최후의 단계 그 자체는 극히 단기간에 지나지 않는다.

지금도 계속되고 있는 이 단계는 근대 민족국가의 형성에서 시작되었다. 신이나 국왕과 조국의 이름을 빌려 행동을 일으켰고 그들의 언어나 국가나 법률을 지구의 가장 먼 지역까지 확대해 갔다. 이 단계는 세계적인 식민지 해방의 과정과 초강대국이었던 자유 진영과 공산 진영의 2개의 제국 대립과정과 오늘날의 G2와 G20의 등장에 이르기까지 계속되어 오고 있다.

이러한 격동에도 불구하고 그 기간은 불과 200여 년으로, 이는 인류 문명의 짧았던 유사시대의 2% 정도에 불과하다. 인류 전체가 물질문명에 동요되고, 힘과 지식의 측면에서 보면 완전히 새로운 단계로 도약했다고 생각하지만, 현대는 정치적·문화적으로는 여전히 과거의 틀 속에서 항해하고 있다.

역설적으로 보면 인간의 그 힘은 절정에 달하고 있지만, 오늘날과 같은 위기에 선 적이 없었기 때문이다. 우리의 판단 착오나 무책임한 행동의 결과가 어떻게 되리라는 것은 명료하다. 인류는 매우 많은 질병을 극복해 왔지만, 세계의 인구는 경이적으로 증가하고 있다. 또한, 기회만 있으면 싸우려 하는 주권국가 시대에 군사기술을 크게 발달시키고 있다는 것은 전 인류가 실제로 심각한 불장난에 참여하고 있음을 의미한다.

물질의 소유와 소비에 빠져서 전속력으로 돌진하고 있는 현대인들은 전 지구적 차원에서 물질·식량·서비스에 대한 욕망을 극단적으로 팽창시켜 왔다.

또한, 끊임없이 유행을 새롭게 바꾸어 가고 인위적으로 졸속한 품목들을 만들어 놓고 필수불가결하게 가져야 한다고 소비자들을 현혹해 왔다. 그리하여 만연하고 있는 맹렬한 군사 제일주의와 소비주의의 대세에 대항하기 위해 인류가 생각해낸 유일한 방법은 점차로 자연환경을 이용하는 것이었다. 즉, 가장 손쉽게 얻을 수 있는 금속의 광산이나 손에 넣을 수 있는 온갖 생물자원들을 닥치는 대로 개발했다. 그 결과 단 하나밖에 없는 지구를 어찌할 수 없을 만큼 고갈시켜 버렸다. 모든 것에는 한계가 있다. 지구의 자원이나 자연환경이 무한한 것은 아니다. 우리를 둘러싼 모든 여건이 아무리 나아진다 해도 자연에 대한 인간의 정도 없는 행위는 인류의 파멸을 초래할 뿐이다.

6. 인간의
   압력

생물권(bio-sphere)이란 조밀하게 짜인 하나의 커다란 생명체계를 말한다. 지구를 둘러싸고 있는 물·대기·토양의 얇은 층에 의해 유지되는 매우 상처받기 쉬운 나약한 체계다.

어떤 체계 속에 하나의 요소가 급격하게 증가하면, 보통 두 가지 반응이 나타난다. 즉, 그 체계가 견고하다면 급격한 충격을 견뎌 나가겠지만, 그렇지 못할 경우, 그 체계는 충격을 견디지 못하고 파괴되거나 적어도 변화를 수반하는 것이 일반적인 현상이다.

우리가 알다시피 지금 생물권 내에 인간의 압력이 계속 급증하고 있다. 인간은 개발과 발전을 빌미로 거침없이 생물권을 훼손하고 오염시키는 행위를 계속하고 있다. 이로 인해 파괴된 생물권이 인류 자체를 충격과 위함에 빠뜨리지 않을지. 그리고 본질에서 유한하고 상처받기 쉬운 이 지구상의 생명체계를 파괴하고 변화시키는 되돌릴 수 없는 결과를 가져오게 되지 않을지. 인류는 최근에 이르러 심각하게 자문하게 되었다. 만약 인류가 이러한 인식을 하기 시작했다면 아직 시간이 있을 때 자발적으로 치유해야만 할 것이다. 그렇게 하지 않으면 인류는 지구에 끼친 피해의 대가로 어떠한 형벌도 감수해야만 할 처지에 놓여 있다.

여기서 가장 중요한 문제는, 생물권에 대한 인간의 간섭과 재생 가능한 자원의 이용이 그러한 자원의 본래 재생 능력을 초월하고 있는지에 관한 점이다. 다시 말해서 이 문제는 오늘날의 수십억의 인류가 과학기술적 성취에 도취하여 물질적 복지를 구가하고 있지만, 어떤 이유에서도 생태계 균형을 초월한 복지란 있을 수 없다는 사실이다.

오늘날 인류문명의 번성이 지구상의 생명권에 끼친 영향을 부정할 사람은 아무도 없다. 또한, 인류가 생태계에 가한 파괴·감퇴·조작이 어떤 대가로도 보상할 수 없는 커다란 잘못이라는 것을 부정할 사람도 없다. 인간이라면 누구나 이러한 행동이 옳지 못한 것임을 잘 알고 있음에도 불구하고 지금 이 순간에도 세계 곳곳에서는 그러한 인간의 비행이 그칠 줄 모른다는 것은 서글픈 현실이 아닐 수 없다.
인간은 자신과 환경에 가한 손해를 복구하고 양자 간의 잃어버린 균형을 회복하지 않으면 안 된다. 그렇게 함으로써 비로소 인류는 현재의 상황을 역전 시킬 수 있다. 이러한 사실을 인식하고, 그에 따라 행동하는 것이 21세기의 가장 중요한 과제이며 동시에 이글의 핵심적 주제이기도하다.

인간이 문화적 균형을 회복하고 자신의 사고에 조금이라도 정당함을 회복시키기 위한 가장 현명하고도 쉬운 방법은 인간과 자연 간의 기본적 진리에 대해 의식을 고양하는 것이다. 만약 생명의 윤리라는 핵심적 과제에 대하여 확고한 문화적·행동적 기초가 확립된다면, 그것만으로도 현 인류의 우둔하고도 무관심한 상태를 과감히 뛰어넘을 수 있는 크다란 전제가 될 것이다. 그리고 그 결과, 다른 분야까지 쉽게 성과를 올릴 수 있을 것이다. 그러면 서서히 연쇄반응이 퍼져 마침내는 보다 성숙한 태도와 책임감 있는 사회로 전진하게 될 것이다. 따라서 이 논제에 조금 더 깊이 들어가는 것은, 설령 그것이 아무리 중복된다고 하더라도 그만큼 가치 있는 일이라 할 수 있다.

7. 환상적
희망

물질문명은 인간의 능력을 과도하게 증폭시키고, 기대를 부추겨서 역사의 흐름을 근본적으로 변화시키고 인간 생활을 더욱 인공적이고 복잡하게 만들었다. 동시에 보다 많은 위기와 부자연스러운 문제들을 파생시켜온 것이 확실하다. 불과 200여 년 전, 산업이라면 몇 대의 방직기나 증기기관 혹은 그 밖의 간단한 장치가 한정된 일손을 돕는 정도였다. 그러나 오늘날 세계의 산업화는 놀라울 정도로 질적·양적인 팽창을 거듭했다. 더구나 산업혁명은 지극히 강력하여 정확히 그 자체가 충족시킬 수 있는 범위와 세계의 자원기반이 뒷받침하는 범위를 넘어선 수요를 확대해온 것이다. 산업혁명 직후에 도래한 과학기술 혁명은 인간의 지식체계를 극도로 크게, 그러나 불균형적으로 확대했다.

현대 인류는 생명의 신비를 밝혀줄 유전자 정보와 양자 역학, 소립자 물리학에 이르기까지 현기증이 날 정도로 방대한 지식을 쌓아가고 있다. 인류의 총지식량은 1980년대에는 7년마다 2배로 증가하였으나,

2030년에는 3일마다 2배로 증가하는 속도로 증폭을 계속하고 있다. 그러나 이러한 총지식량의 폭증이 인간의 본성이나 영원한 행복을 찾는 데 꼭 필요한 지식은 너무나 빈약할 정도로 지식의 축적은 불균형하게 이루어지고 있다.

과학에 대한 지식의 대부분은 이른바 정밀과학이 차지하고 있는데 반하여 정신과학·사회과학·인문과학 등은 방치되고 있다. 그리고 역사 이래 지금까지 등장했던 과학자의 90%가 현재까지 활약하고 있다고 추정되는데 그중 과반수가 군사방위계획에 가담하고 있다.

이외에도 일반 대중이 자신에게 필요한 모든 정보나 자료에 접근하고 이를 이용할 수 있는 인프라가 거의 없는 실정이다. 그 때문에 전 세계의 일반 대중들은 총지식량의 폭증에도 믿을 수 없을 만큼, 축적되는 지식의 혜택을 누릴 수 없는 실정이다.

과학을 본래의 모습, 즉 순수한 상태로 되돌려서 과학이 인간의 본성과 인류의 영원한 행복을 찾아가는 데 유용하게 쓰일 수 있게 하도록 우선 순위와 지식 축적 분야에 대한 노력을 방대하게 재편성하는 것이 필요하다. 이러한 노력은 인류에게 희망을 주게 될 것이다. 오늘날 기술 혁명이 부유계층의 지위·권력·위신의 증대에만 초점을 맞추어 온 것은 부인할 수 없는 사실이다. 과학기술이 일상생활에 변혁을 초래함으로써 발생하는 사회적 기술혁명에 대해서도 이와 같은 깊은 사려가 있어야 한다.

그러나 과학기술은 그 영향력이 극히 광범위하기 때문에 세계 각지의 사람들에게 이전에 누리지 못했던 복지와 안락을 줄 것이라는 환상적 희망을 부추긴다. 즉, 인간의 모든 문제가 기술력에 의해서 쉽게 해결

될 수 있으리라는 과대망상이 인간의 현실감각을 흐려놓는다. 성장의 신화를 창조하며 도덕을 땅에 떨어뜨린다. 이것이 현대 위기의 중요한 원인이 되고 있다.

지평선 위에 조금씩 드러나기 시작하는 태양처럼, 새로운 기술이 가져다 주는 돌파구는 인간에게 끊임없이 밝은 희망을 주어왔다. 그러나 그러한 희망은 결국 허망한 꿈에 불과했다. 오히려 인간의 어리석음에 부채질만 했는지도 모른다. 지금 우리는 깊은 바닷속에 있는 전설의 엘도라도(황금의 나라)를 찾고 있는 것은 아닌지.

유전공학을 통해 식물과 동물 그리고 인간조차도 질적인 개량을 시도하거나, 인간 활동을 모두 인공지능화·로봇화하여 전장을 대기권이나, 대륙 간의 공중으로 이동함으로써 인류가 자신의 멸망을 피하려고 시도할지도 모른다. 그러나 그러한 방법 중 어느 것에 의해서도 무지·불관용·불평등·불안전 등을 뛰어넘어서 해결할 방법은 없다. 세계의 문제 복합체는 오히려 인간을 더욱 당황하게 하고 손을 쓸 수 없게 만들어 갈 것이다.

8. 자연과의
   화해

앞에서 언급했던 수많은 혁명과 인류 역사에 남겨진 신화들은 인간의 판단력을 흐려 놓았고, 결국 혁명이 인간을 얼마만큼 노예화하였는지 조차도 둔감하게 만들었다. 한편 많은 혁명을 겪어오는 동안 인간의 세계는 잡종의 동굴이 되었고, 자연 본래의 요소들은 인류가 만들어 놓은 인공물의 투입으로 변형됐다. 그 결과 만들어진 상황은 예측이 불가능할 정도로 급격한 것이어서, 우리는 그에 적응조차 할 수 없어 그저 속수무책으로 바라볼 뿐이다. 따라서 인간은 현재와 같이 무질서하게 현실을 바꾸면 바꿀수록, 현실과의 접촉은 멀어지고 자연으로부터 소외당하는 결과가 초래되고 말 것이다.

자연에 대한 변형과 조작, 오염이 심화하는 현 세계에서, 인류가 자연에 대해 무분별한 간섭을 더 계속한다면, 돌이킬 수 없는 결과가 초래되리라는 것은 명약관화한 일이다.

자연 시스템은 자기 조정·자기 치유의 속성과 더불어 정상상태를 유지하려는 속성도 갖추고 있기 때문에 급격한 충격과 위기 속에서도 적절한 유연성과 적응성을 발휘한다.

그러나 인간 시스템은 이와 같은 유연성이나 적응성의 속성이 결여되어 있다. 즉, 그들은 피동적으로 조절되어야 할 필요성을 느낀다. 그런데 각종 인간 시스템은 서로 다른 민족·시대·국가로 인하여 상당한 차이를 보여준다. 가령 그릇된 목표를 따라가거나 서로 다른 논리를 따르는 설계도 다반사로 하므로 일일이 지적하거나 조절하기는 불가능하다.

한편 이들 인간 시스템은 서로 억누르고 서로를 방해하며 경쟁하고 있다. 그들은 항상 대규모화·복잡화를 추구하기 때문에 서로 충돌하고 붕괴할 위험성은 더욱 증가하고 있다.

그러므로 지구상에서 해야 할 일은 자연 시스템과 영원한 조화를 추구하고, 현재의 인공적 시스템 집합체를 재건하는 일이다. 이러한 자연 시스템과 인간 시스템 전체를 융합하는 일은 특정 몇 개의 국가에만 맡겨져서는 안 된다. 전 세계가 참여하며 공동책임의 차원에서 이루어져야 한다. 그러나 불행하게도 이럴 가능성은 매우 희박하다.

비록 원시적이었다 할지라도 옛날 사바나에서 살았던 미개인이나 유사시대 초기의 유목민들이, 핵의 시대에 사는 순박함이 부재한 그들의 후예보다 훨씬 뛰어난 자연의 해설자였고, 친구였으며, 중개자였음을 인정하지 않을 수 없다. 최근에 이르러서야 무분별한 자원 개발에 대한 자각이 일어나기 시작했다.

특히 시민들 가운데서 인간의 무분별하고 누적된 간섭이 얼마나 크다란 마이너스적 효과를 미치고 있는지에 대해 인식하기 시작했다는 것은 불행 중 다행이다. 다시 말해서 지구 생명주기의 분열이나 재생 불가능한 자원을 붕괴시키는 것이 매우 심각한 악영향을 초래한다는 사실을 일반 시민들이 각성하기 시작했다는 것은 참으로 흐뭇한 일이다.

그렇다면 우리가 내려야 할 결론을 요약하면 다음과 같다.

인류가 자연에 대해 관대하고 친절해야 하며 전적으로 보호해야 한다는 것을 알고 있지만, 여전히 마음 한구석에는 권세욕·소비벽·변덕·탐욕이 자리 잡고 있다. 그들은 수없이 자연을 황폐시키고 오염시켜 왔다. 심지어는 자연의 핵심부인 원생 지역까지도 서슴지 않고 훼손했다. 자연력의 기본법칙을 도태시키고 다양하게 약화했다.

즉, 무차별하고도 무분별한 인간의 행동은 이윽고 의외의 결과를 초래하게 되어 삶의 질은 저하되고 신체의 적응력은 서서히 약화하였다. 따라서 인간이 현재 누리고 있는 물질적인 혜택은 상당히 값비싼 대가를 지급하고 있는 셈이다. 이와 같은 인간 행동이 초래한 엄청난 결과에 대한 자각이 일부 시민들에게서 일어나기 시작했다는 것이다.

그러나 이것을 자각하는 것만으로는 충분하지 않다. 진정으로 필요한 것은 이대로 지속한다면 자연과의 충돌을 피할 수 없다는 것, 방향을 바꾸지 않으면 비참한 운명에서 헤어날 수 없다는 것을 확실하고도 완벽하게 인식하는 것이다.

그렇기 때문에 그것이 아무리 물질문명에 대한 신뢰나 현대인이 지금까지 구축해온 진보·부유·복지·문명 등의 개념을 근본적으로 흔들어놓는 결과가 온다 할지라도 우리의 현재의 견해나 자세를 철저히 재평가해야만 할 때이다. 즉, 인류의 미래가 안전한 항해를 계속하기 위해서는 사고와 행동을 위한 새로운 지침이 없어서는 안 된다.

그중에서도 가장 중요한 사실은 다음과 같은 고찰이다.

인간이 다시, 자연과 화해하고 자연과의 조화를 회복하는 데 성공하지 못하는 한 어떠한 다른 문제와도 정당히 맞설 수 없고, 어떠한 경제적·사회적 발전도 불가능하며 어떠한 계획이라도 비현실적일 수밖에 없다. 후손들에게 어떠한 바람직한 문화유산도 전해줄 수 없다는 것이다. 즉, 어떠한 방법으로도 영원한 기약을 할 수 없다는 것이다.

자연과의 화해와 조화야말로 인간개발과 더불어 21세기 인류의 필수 불가결한 과제이며 이 작고 상처받기 쉬운 행성에서 우리와 우리의 후손들이 '지속 가능하게' 생존해 갈 수 있는 유일한 길임이 분명하다.

4차 산업혁명 시대 스스로 질문하기
초유의 혁명, 어디로 가야 하나

초판 1쇄 인쇄 2018년 3월 10일
초판 1쇄 발행 2018년 3월 17일

저　　자　　손 민 익
발 행 인　　박 신 옥
기　　획　　손 덕 원
편　　집　　손 재 현

펴 낸 곳　　도서출판 아마
등　　록　　제 2015-000068 호
주　　소　　서울시 은평구 연서로 15길 41-1, 2층~3층(?
전　　화　　(02)389-8137
e-메일　　sonminik@hanmail.net
값 12,800원　ISBN 979-11-956860-4-9 03300

* 이 책의 내용은 저작권법의 보호를 받습니다.
* 잘못 만들어진 책은 본사나 구입하신 서점에서 바꾸어 드립니다.
* 저자와의 협의 하에 인지가 생략 되었습니다.